高等学校应用技术型经济管理系列教材（会计系列）

高等学校应用型经济管理规划教材

总主编／李雪　主审／徐国君

U0958389

财务管理学习指导书

Study Guide to Financial Management

（第二版）

耿　菲◎主　编

蔡素兰　徐伟丽　陈晓冬◎副主编

立信会计出版社
LIXIN ACCOUNTING PUBLISHING HOUSE

图书在版编目(CIP)数据

财务管理学习指导书 / 耿菲主编. —2版. —上海：立信会计出版社，2019.7

高等学校应用技术型经济管理系列教材. 会计系列

ISBN 978-7-5429-6199-0

Ⅰ. ①财… Ⅱ. ①耿… Ⅲ. ①财务管理—高等学校—教学参考资料 Ⅳ. ①F275

中国版本图书馆CIP数据核字(2019)第123045号

策划编辑 方士华
责任编辑 方士华
封面设计 南房间

财务管理学习指导书(第二版)

出版发行 立信会计出版社
地 址 上海市中山西路2230号 邮政编码 200235
电 话 (021)64411389 传 真 (021)64411325
网 址 www.lixinaph.com 电子邮箱 lixinaph2019@126.com
网上书店 http://lixin.jd.com http://lxkjcbs.tmall.com
经 销 各地新华书店

印 刷 上海天地海设计印刷有限公司
开 本 787毫米×1092毫米 1/16
印 张 10.5
字 数 252千字
版 次 2019年7月第2版
印 次 2019年7月第1次
印 数 1—2100
书 号 ISBN 978-7-5429-6199-0/F
定 价 26.00元

总　序

教材是高校实现人才培养目标的重要载体,教材及教材建设对高校发展具有举足轻重的作用。与培养模式相对应的教材是培养合格人才的基本保证,是实现培养目标的重要工具。由于历史的原因,在财经类教材的出版方面,相关出版社出版研究型本科或者高职高专、中等职业等层次的教材较多,也较成熟,而在应用技术型本科教材出版上比较欠缺,虽然近年来也出版了一些这方面的教材,但总体而言,还是缺乏权威性、普适性、实用性、创新性的财经类应用技术型本科教材。造成这种状况的原因主要在于:出版社对财经类应用技术型本科教材的出版还不够重视,没有进行有效的组织;财经类应用技术型本科院校多为新建院校,教材建设相对滞后,主观上也较愿意使用研究型本科教材;在教材使用中存在比较严重的混用现象,教材的目标读者群不明确,不少教材既适用于研究型本科又适用于应用技术型本科,或者既适用于本科又适用于高职高专。

由于目前应用技术型教材种类和数量匮乏或质量欠佳,使得应用技术型本科不得不沿用传统研究型教材,比如东北财经大学会计系列教材(包括《基础会计》《中级财务会计》《管理会计》《高级财务会计》《审计》等),中国人民大学会计系列教材(如《成本会计》),教育部统编教材(如《财务管理》)等国家级规划教材。这些教材本身的质量很好、级别很高,但是并不适用于应用技术型本科的教学,教师和学生普遍反映不好用。即使从全国范围看,也还没有相对成套、成熟的适合应用技术型高校使用的教材,不适应教育教学要求。存在的主要问题包括:①教材的定位和要求较高;②教材的内容多、难度大;③教材着重于理论解释,相关案例、实训等内容较少,缺乏普适性、实用性。所以,需要编写适应学生水平、便于学生接受的应用技术型教材。

我们组织具有多年应用技术型人才培养经验的优秀教师和实务界专家编写了这套教材。本套系列教材由《基础会计》《中级财务会计》《成本会计》《管理会计》《财务管理》《审计学原理》《审计实务》《审计基础与实务》《税法》《经济法》《西方经济学》《金融学》等构成。为了保证教材的质量,本套系列教材聘请了著名高校的专家、教授对本套教材编写进行专门指导和审核。每本教材至少有一名本学科的知名专家或学科带头人提出审核指导意见,至少有一名高等院校教学一线的高级职称教师参与组织编写,至少有一名行业协会、实务界专家和教学研究机构人员提出编写建议。

本套系列教材的特色如下。

1. 应用性

应用技术型本科的教材建设应坚持培养应用技术型本科人才的定位,充分吸收和借鉴传统的普通本科教材与高职高专类教材建设的优点和经验,以就业为导向,做到理论上优于高职高专类教材、动手能力的培养上优于传统的本科院校教材。

本套系列教材体现了应用技术型本科的定位,体现了素质教育和"以学生发展为本"的教育理念，遵循了高等教育教学基本规律，重视知识、能力和素质的协调发展，根据应用技术型人才培养模式对学生的创新精神、实践能力和适应能力的要求，在内容选材、教学方法、学习方法、实验和实训配套等方面突出了应用性特征。

2. 针对性

本套系列教材的编写符合会计学、财务管理和审计学专业的培养目标、培养需求、业务规格(知识结构和能力结构)和教学大纲的基本要求，与各专业的课程结构和课程设置相对应，与课程平台和课程模块相对应。本套系列教材在结构的布局、内容重点的选取、示例习题的设计等方面符合教改目标和教学大纲的要求，把教师的备课、试讲、授课、辅导答疑等教学环节有机地结合起来。

3. 先进性

本套系列教材反映了应用技术型会计人才教育教学改革的内容，能够反映学科领域的新发展。本套系列教材的整体规划、每一种教材构造等均体现了实用性和创新性。本套系列教材还强调了系列配套，包括了教材、学习指导书、教学课件等。

4. 基础性

本套系列教材打破传统教材自身知识框架的封闭性，尝试多方面知识的融会贯通，注重知识层次的递进，体现每一门科目的基本内容，同时，在具体内容上突出实际运用知识的能力，使本套系列教材做到“教师易教，学生乐学，技能实用”。

5. 易于自学性

自学能力的培养是高等教育应该教授给学生的一项基本能力。只有具备了自主学习的能力，才能最终建立起终身学习的保障体系，这也是应用技术型本科人才培养的客观要求。应用技术型高校的生源素质与其他高校相比存在较大差距，除一部分高考发挥失误的学生外，有相当一部分学生在学习习惯、基础知识等方面存在一定的欠缺，这要求本套系列教材要能调动这部分学生的学习积极性，在理论方面尽量通俗易懂，实践方面尽量采用案例式教学。为了有利于学生课后自主学习，本套系列教材配套了学习指导书和教学课件。

因此，本套系列教材的定位和特色把握准确，教材的特色明显，适用于应用技术型高等学校教学，容易得到学生和市场的认可，便于学生的自学和教师的教学。

高等学校应用技术型经济管理系列教材(会计系列)凝聚了众多领导、教授和专家多年来的经验和心血。当然，由于我们的经验和人力有限，教材中难免存在不足，我们期待着各位同行、专家和读者的批评指正。我们将随着经济发展和会计环境的变迁不断修订教材，以便及时反映学科的最新发展和人才培养的最新变化。

本套系列教材出版后，得到学生和市场的认可，深受广大读者欢迎。为了更好地回馈读者，本套系列教材从2017年起启动第二版的修订工作，各种教材的第二版将陆续出版。我们会一如既往地做好教材修订和相关服务工作，希望广大读者对本套系列教材给予支持。

李　雪

2019年7月

前言

本书是高等学校应用技术型系列教材(会计系列)《财务管理》教材的配套学习指导书,具有应用性、针对性、先进性、基础性和易于自学性的特点。本书既可作为高等财经院校财务会计教学的辅助教材,也可作为企业财务管理管理人员学习财务管理的参考用书。

本书根据《财务管理》教材及教学大纲的要求,设计了各章重点与难点的提炼讲解,在讲解的过程中配有相关典型例题。每章配有练习题并提供相应的参考答案。

《财务管理学习指导书》分为三个部分,第一部分为"学习指导及思考与练习",下设"本章基本内容框架""重点、难点讲解及典型例题""思考与练习",第二部分为"思考与练习参考答案",第三部分为"模拟试题及参考答案"。

本书具有以下特点:

(1) 知识结构清晰,帮助学生建立学习理论框架,把握知识逻辑关系。

(2) 理论精练,习题的设计突出理论联系实际,体现实际操作能力,即重视知识、能力和素质的协调发展。

(3) 注重对重点难点的讲解,借助图形、表格等工具进行讲解,图文并茂,通俗易懂。

(4) 习题形式多样,既有客观题,也有大量的计算分析题,涵盖面广,可以考察学生综合分析和解决问题的能力。

(5) 重视对知识点的总结,并运用知识点对比的方式便于掌握记忆。

本书的具体分工如下:

本书由耿菲担任主编,蔡素兰、徐伟丽、陈晓冬担任副主编,杨屾、胡荣、李晗林为编者。具体分工如下:第一章总论(徐伟丽),第二章资金时间价值(耿菲),第三章风险与报酬(李晗林),第四章资产定价(李晗林),第五章投资决策基础(蔡素兰),第六章投资项目决策(蔡素兰),第七章长期筹资方式(杨屾),第八章长期筹资决策(耿菲),第九章流动资产管理(陈晓冬),第十章流动负债管理(胡荣),第十一章成本控制管理(蔡素兰),第十二章股利分配(陈晓冬),第十三章财务管理方法(陈晓冬)。

本书在编写的过程中参考了大量相关教材和论著,在此向有关作者致以深深的谢意!

本书的编写先后经过多次讨论研究,力求内容编排合理、避免错误,但难免存在考虑不周、表达不妥当的地方。书中疏漏不足之处,敬请读者批评指正。

编者

2019 年 7 月

目 录

第一部分　学习指导及思考与练习

第二部分 案例分析精选及解析

第三部分 思考与练习参考答案

第四部分 模拟试题及参考答案

第一部分　学习指导及思考与练习

第一章　总　论

本章基本内容框架

- 财务管理的概念
- 财务管理的内容
  - 企业财务活动
  - 企业财务关系
- 财务管理的目标
  - 产值最大化
  - 利润最大化
  - 股东财富最大化
  - 相关者利益最大化
- 财务管理的环境
  - 经济环境
  - 法律环境
  - 金融市场环境
  - 社会文化环境

重点、难点讲解及典型例题

一、财务管理的内容

公司的生产经营活动不断进行，也就会不断产生资金的收支。公司资金的收支，构成了公司经济活动的一个独立方面，这便是公司的财务活动。这些财务活动构成了财务管理的内容。

【例题1·多项选择题】 以下属于公司财务活动的有(　　)。

A. 筹资引起的财务活动　　B. 投资引起的财务活动

C. 经营引起的财务活动　　D. 分配引起的财务活动

【答案】 ABCD

【解析】 公司的财务活动可以分为筹资、投资、经营和分配四个方面。

【例题 2 · 判断题】 在企业经营引起的财务活动中，主要涉及的是固定资产和长期负债的管理问题，其中关键是资本结构的确定。(　　)

【答案】 ×

【解析】 经营引起的财务活动是指公司日常经营活动中的资金收付行为，主要涉及的都是流动资产和流动负债的管理问题。固定资产的管理是属于投资引起的财务活动，长期负债管理及资本结构的确定是属于筹资引起的财务活动。

二、财务管理的目标

财务管理的目标及其优缺点如表 1-1 所示。

表 1-1　　财务管理的目标及优缺点

目标观点	优点	缺点
利润最大化	促使企业讲求经济核算、加强管理、改进技术，提高劳动生产率，降低产品成本	忽略时间价值 忽略风险 忽略利润与投入资本的关系 易导致短期行为
股东财富最大化	考虑了时间价值 考虑了风险 考虑了资本与收益的关系 一定程度上可以避免短期行为	只适用于上市公司 不符合可控性原则 只强调了股东利益

【例题 3 · 多项选择题】 利润最大化这种目标观点的缺点包括(　　)。

A. 忽略了时间价值　　B. 忽略了风险因素

C. 忽略了资本投入的关系　　D. 容易导致短期行为

【答案】 ABCD

【解析】 利润最大化的观点存在一定的片面性，忽略了时间价值、风险、资本投入关系，容易导致短期行为。

【例题 4 · 多项选择题】 下列关于股东财富最大化目标的说法中，正确的有(　　)。

A. 强调更多的是股东利益　　B. 考虑了风险因素

C. 能避免公司的短期行为　　D. 容易导致短期行为

【答案】 ABC

【解析】 与利润最大化相比，股东财富最大化这种目标观点能够考虑到时间价值、风险、资本投入的关系，一定程度上可以避免短期行为，但是只适用于上市公司，只强调了股东利益，不符合可控性原则。

思考与练习

一、单项选择题

1. 下列各项经济活动中，属于公司狭义投资的是(　　)。

A. 购买设备　　B. 购买零部件
C. 购买专利权　　D. 购买国库券
2. 与利润最大化相比，股东财富最大化的优点不包括(　　)。
A. 在一定程度上可以避免短期行为　　B. 考虑了风险因素
C. 反映了资本投入的关系　　D. 重视各利益相关者的利益
3. 以下属于项目投资的是(　　)。
A. 购买国库券　　B. 购买设备
C. 购买公司债券　　D. 购买公司股票
4. 以下不属于相关者利益最大化作为财务管理目标优点的是(　　)。
A. 比较容易量化
B. 有利于实现经济效益和社会效益的统一
C. 体现了前瞻性和可操作性的统一
D. 较好地兼顾各利益主体的利益
5. 在下列各项中，不属于财务管理经济环境构成内容的是(　　)。
A. 经济周期　　B. 利率
C. 经济政策　　D. 通货膨胀
6. 企业同其所有者之间的财务关系反映的是(　　)。
A. 经营权与所有权关系　　B. 债权债务关系
C. 投资与受资关系　　D. 债务债权关系
7. 企业同其债权人之间的财务关系反映的是(　　)。
A. 经营权与所有权关系　　B. 债权债务关系
C. 投资与受资关系　　D. 债务债权关系
8. 企业同其被投资单位之间的财务关系反映的是(　　)。
A. 经营权与所有权关系　　B. 债权债务关系
C. 投资与受资关系　　D. 债务债权关系
9. 企业同其债务人之间的财务关系反映的是(　　)。
A. 经营权与所有权关系　　B. 债权债务关系
C. 投资与受资关系　　D. 债务债权关系
10. 甲公司是一家生产布匹的公司，乙公司是一家服装加工公司，甲公司经常向乙公司销售该公司生产的布匹，则甲公司和乙公司是(　　)。
A. 公司与投资者之间的关系　　B. 公司与债权人之间的关系
C. 公司与客户之间的关系　　D. 公司与供货商之间的关系

二、多项选择题

1. 广义的分配活动包括(　　)。
A. 弥补生产经营耗费，缴纳流转税　　B. 缴纳所得税
C. 提取盈余公积金　　D. 向股东分配股利
2. 以相关者利益最大化为财务管理目标的优点包括(　　)。

A. 考虑了风险和时间价值因素
B. 体现了合作共赢的价值理念
C. 用价值代替价格，有效地规避了短期行为
D. 体现了前瞻性和可操作性的统一

3. 金融工具的特征包括（　　）。
A. 期限性　　B. 流动性　　C. 风险性　　D. 收益性

4. 财务管理的经济环境是各种外部环境中最为重要的，它的具体内容包括（　　）。
A. 经济周期　　B. 经济发展水平　　C. 通货膨胀　　D. 经济政策

5. 通货膨胀对企业财务活动的影响主要体现为（　　）。
A. 减少资金占用量　　B. 增加企业的资金需求
C. 企业筹资更加容易　　D. 引起利润发生虚增

三、判断题

1. 如果资金不能满足公司日常经营需要，还要采取短期借款方式来筹集所需资金，这属于筹资活动。（　　）

2. 公司与投资者之间的财务关系，主要指公司以购买股票或直接投资的形式向其他公司投资所形成的经济关系。（　　）

3. 公司与职工之间的财务关系体现的是债权与债务关系。（　　）

4. 相关者利益最大化体现了合作共赢的价值理念，有利于实现公司经济效益和社会效益的统一。（　　）

5. 公司通过筹资通常可以形成两种不同性质的资金来源：一是公司权益资金；二是公司借入资金。（　　）

6. 对于股东财富最大化和相关者利益最大化的财务管理目标，通常都只适用于上市公司。（　　）

7. 财务管理环境是指对公司财务活动和财务管理产生影响作用的公司各种外部条件的统称。（　　）

四、简答题

1. 简述企业的财务活动。
2. 简述企业的财务关系。
3. 简述以利润最大化作为企业财务管理目标的合理性及局限性。
4. 简述与利润最大化目标相比，以股东财富最大化作为企业财务管理目标的优点。

第二章　资金时间价值

本章基本内容框架

- 时间价值的概念
- 复利终值与现值计算
  - 复利终值
  - 复利现值
- 年金终值和现值的计算
  - 后付年金
  - 先付年金
  - 递延年金
  - 永续年金
- 时间价值计算中的几个特殊问题
  - 不等额现金流量的时间价值计算
  - 年金和不等额现金流量混合情况下的时间价值计算
  - 计息期短于1年的时间价值计算
  - 利率的计算
  - 名义利率与实际利率

重点、难点讲解及典型例题

一、时间价值的概念

时间价值是在生产经营中产生的，是扣除风险报酬和通货膨胀贴水后的真实报酬率。

【例题1·多项选择题】 下列关于时间价值的说法中正确的有(　　)。

A. 并不是所有货币都有时间价值，只有把货币作为资本投入生产经营过程才能产生时间价值

B. 时间价值是在生产经营中产生的

C. 时间价值是扣除风险报酬和通货膨胀贴水后的真实报酬率

D. 银行存款利率可以看作投资报酬率，但与时间价值是有区别的

【答案】 ABCD

【解析】 时间价值是在生产经营中产生的，是扣除风险报酬和通货膨胀贴水后的真实报酬率。银行存款利率、贷款利率、各种债券利率、股票的股利率都可以看作是投资报酬率，

它们与时间价值都是有区别的。只有在没有风险和没有通货膨胀的情况下，时间价值才与上述各报酬率相等。

二、复利终值与现值计算

$$F = P \times (F/P, i, n)$$

$$P = F \times (P/F, i, n)$$

复利终值系数与复利现值系数互为倒数

【例题 2 · 计算分析题】 某企业将 250 000 元存入银行，年利率为 6%，5 年后本利和为多少？

【答案】 $F = 250\ 000 \times (F/P, 6\%, 5) = 250\ 000 \times 1.338 = 334\ 500$(元)

【例题 3 · 计算分析题】 某企业欲投资 A 项目，预计 5 年后可获得 6 000 000 元的收益，假定年利率为 10%，则这笔收益的现值为多少？

【答案】 $P = 6\ 000\ 000 \times (P/F, 10\%, 5) = 6\ 000\ 000 \times 0.621 = 3\ 726\ 000$(元)

三、年金终值和现值的计算

年金终值和现值的计算如表 1-2 所示。

表 1-2　　年金终值和现值的计算

	终值	现值
后付年金	$F = A \times (F/A, i, n)$	$P = A \times (P/A, i, n)$
即付年金	$F = A \times (1+i) \times (F/A, i, n)$ $= A \times (F/A, i, n+1) - A$	$P = A \times (1+i) \times (P/A, i, n)$ $= A \times (P/A, i, n-1) + A$
递延年金	$F = A \times (F/A, i, n)$	$P = A \times (F/A, i, n) \times (P/F, i, m+n)$ $= A \times (P/A, i, n) \times (P/F, i, m)$ $= A \times (P/A, i, m+n) - A \times (P/A, i, m)$
永续年金	无	$P = \frac{A}{i}$

【例题 4 · 计算分析题】 假定某房产商计划在 5 年建设期内每年年末向银行借款 2 000 万元，借款年利率为 10%，则该项目竣工时应付本息的总额为多少？

【答案】 $F = 2\ 000 \times (F/A, 10\%, 5) = 2\ 000 \times 6.105 = 12\ 210$(万元)

【例题 5 · 计算分析题】 某企业有一笔 5 年后到期的债务，该债务本息共计1 200万元。企业打算从现在起每年年末等额存入银行一笔款项。假定银行存款年利率为 8%，则每年应存入金额是多少？

【答案】 $A = \frac{1\ 200}{(F/A, 8\%, 5)} = \frac{1\ 200}{5.867} = 204.53$(万元)

【例题 6 · 计算分析题】 某企业租入办公楼，租期 3 年，每年年末支付租金96 000元，假定年利率为 9%，则该企业 3 年内应支付的租金总额的现值为多少？

【答案】 $P = 96\ 000 \times (P/A, 9\%, 3) = 96\ 000 \times 2.531 = 242\ 976$(元)

【例题7·计算分析题】 假定某企业计划以10%的利率借款3 000万元，投资于某个寿命为10年的项目，则每年至少应收回多少钱才是可行的？

【答案】 $A=\dfrac{3\,000}{(P/A,10\%,10)}=\dfrac{3\,000}{6.145}=488.2$(万元)

【例题8·判断题】 递延年金有终值，终值的大小与递延期是有关的，在其他条件相同的情况下，递延期越长，则递延年金的终值越大。(　　)

【答案】 错

【解析】 递延年金的终值计算与递延期无关，计算方法与普通年金相同。递延年金的现值计算与递延期是有关的，在其他条件相同的情况下，递延期越长，递延年金的现值结果越小。

【例题9·计算分析题】 某学校拟建立一项永久性的奖学金，每年计划颁发20 000元的奖金。若银行存款利率为8%，现在应存入多少钱？

【答案】 $P=\dfrac{A}{i}=\dfrac{20\,000}{8\%}=250\,000$(元)

四、计息期短于1年的时间价值计算

【例题10·计算分析题】 某企业于年初向银行借入220 000元，年利率为10%，每半年复利一次，则到第10年年末该企业应归还本息的总额为多少？

【答案】 $F=220\,000\times(F/P,5\%,20)=220\,000\times2.653=583\,660$(元)

五、插值法计算

【例题8·单项选择题】 某人打算购买新房，计划于第一年年初向银行借入20 000元，以后每年年末还本付息4 000元，连续9年还清。则借款利率为(　　)。

A. 11.34%　　B. 14%　　C. 13.72%　　D. 15%

【答案】 C

【解析】 根据 $20\,000=4\,000\times(P/A,i,9)$ 　可得 $(P/A,i,9)=\dfrac{20\,000}{4\,000}=5$

查复利终值系数表，可知 $i=13\%$ 时，$(P/A,i,9)=5.132$；$i=14\%$ 时，$(P/A,i,9)=4.946$，所以利率在13%～14%之间，利用插值法计算：

$$\frac{i-13\%}{14\%-13\%}=\frac{5-5.132}{4.946-5.132}$$

得：$i=13.72\%$

思考与练习

一、单项选择题

1. 将100元钱存入银行，利率为10%，计算5年后的终值，应用(　　)来计算。

A. 复利终值系数　　B. 复利现值系数

C. 年金终值系数　　D. 年金现值系数

2. 下列选项中的(　　)称为普通年金。

A. 先付年金　　B. 后付年金　　C. 递延年金　　D. 永续年金

3. 每年年末存款 1 000 元,求第 10 年年末的价值,可用(　　)来计算。

A. $(P/F,i,n)$　　B. $(F/P,i,n)$　　C. $(P/A,i,n)$　　D. $(F/A,i,n)$

4. 鸿运公司于年初存入银行 10 000 元,假定年利率为 12%,每年复利两次,已知$(F/P,6\%,5)=1.338\ 2$,$(F/P,6\%,10)=1.790\ 8$,$(F/P,12\%,5)=1.762\ 3$,$(F/P,12\%,10)=3.105\ 8$,则第五年年末的本利和为(　　)元。

A. 13 382　　B. 17 623　　C. 17 908　　D. 31 058

5. 老王第一年年初存入银行 400 元,第二年年初存入银行 500 元,第三年年初存入银行 400 元,银行的存款利率是 5%,则在第三年年末,他可以从银行取出(　　)元。

A. 1 434.29　　B. 1 248.64　　C. 1 324.04　　D. 1 655.05

6. 凯达公司有一笔 5 年后到期的贷款,到期值是 20 000 元,假设存款年利率为 2%,则公司为偿还借款建立的偿债基金为(　　)元。已知$(F/A,2\%,5)=5.204$。

A. 18 114.30　　B. 3 767.12　　C. 3 225.23　　D. 3 843.20

7. 丰田公司从银行取得借款 1 000 万元,借款年利率为 5%,该公司打算在未来 10 年内每年年末等额偿还该笔借款,则每年年末的还款额为(　　)万元。

A. 263.8　　B. 256.3　　C. 265　　D. 129.51

8. 公司有一笔 5 年后到期的贷款,每年年末归还借款 3 000 元,假设贷款年利率为 2%,则公司该笔贷款的到期值为(　　)元。已知$(F/A,2\%,5)=5.204$,$(P/A,2\%,5)=4.713\ 5$。

A. 15 612　　B. 14 140.5　　C. 15 660　　D. 18 372

9. 老张于第一年年初向银行借款 50 000 元,预计在未来每年年末偿还借款 10 000 元,连续 8 年还清,则该项贷款的年利率为(　　)。

A. 20%　　B. 14%　　C. 11.82%　　D. 15.13%

10. 关于递延年金,下列说法不正确的是(　　)。

A. 递延年金是指隔若干期以后才开始发生的系列等额收付款项

B. 递延年金现值的大小与递延期有关,递延期越长,现值越小

C. 递延年金终值与递延期无关

D. 递延年金没有终值

11. 某项永久性奖学金,每年计划颁发 10 万元奖金。若年利率为 8%,该奖学金的本金应为(　　)元。

A. 6 250 000　　B. 5 000 000　　C. 1 250 000　　D. 4 000 000

12. 先付年金终值系数和普通年金终值系数相比(　　)。

A. 期数加 1,系数加 1　　B. 期数加 1,系数减 1

C. 期数减 1,系数减 1　　D. 期数减 1,系数加 1

二、多项选择题

1. 下列各项中,(　　)表示资金时间价值。

A. 纯利率

B. 社会平均资金利润率

C. 通货膨胀率极低情况下的国库券利率

D. 不考虑通货膨胀下的无风险收益率

2. 下列各项中属于年金形式的有(　　)。

A. 在租赁期内每期支付的等额租金　　B. 零存整取的整取额

C. 等额分期付款　　D. 每年末等额收取的养老金

3. 年金按支付方式不同,可分为(　　)。

A. 后付年金　　B. 先付年金　　C. 递延年金　　D. 永续年金

4. 下列有关年金的说法中,正确的有(　　)。

A. 普通年金的款项收付发生在每期期末

B. 普通年金也叫先付年金,每期款项的收付发生在期初

C. 永续年金是无法计算终值的

D. 递延年金是指首次收付款项不是发生在第一期的系列等额收付款项

5. 下列系数中存在倒数关系的有(　　)。

A. 复利终值系数　　B. 复利现值系数

C. 年金终值系数　　D. 年金现值系数

6. 下列关于年金的说法中,正确的有(　　)。

A. n 期先付年金比 n 期后付年金的付款次数多一次

B. n 期先付年金与 n 期后付年金付款时间不同

C. n 期先付年金现值比 n 期后付年金现值多计息一期

D. n 期先付年金现值等于 n 期后付年金现值乘以折现率

三、判断题

1. 货币的时间价值原理,正确地揭示了不同时点上资金之间的换算关系,是财务决策的基本依据。(　　)

2. 未来某一时点的 1 元钱的价值大于现在 1 元钱的价值。(　　)

3. 终值是指现在一定量货币在未来某一时点的价值。(　　)

4. 现值是指未来某一定量货币折算为现在的价值。(　　)

5. 由终值求现值,称为折现,折现时使用的利率称为折现率。(　　)

6. n 期先付年金与 n 期后付年金的付款次数相同,但由于付款时间不同,n 期先付年金终值比 n 期后付年金终值多计算一期利息。因此,可以先求出 n 期后付年金的终值,然后再乘以 $(1+i)$,便可求出 n 期先付年金的终值。(　　)

7. 复利计息频数越高,复利次数越多,终值的增长速度越快,相同期间内终值越大。(　　)

8. 在终值和计息期一定的条件下,折现率越高,则复利现值越高。(　　)

9. 递延年金只有现值没有终值。(　　)

10. 在 A, i, n 相同的情况下,只要利率 i 大于 0,先付年金现值一定大于普通年金现

值。（ ）

四、计算分析题

1. 假设利民工厂有一笔 123 600 元的资金，准备存入银行，希望在 7 年后利用这笔款项的本利和购买一套生产设备，当时的银行存款利率为 10%，7 年后预计该设备的价格为 240 000 元。

要求：说明 7 年后利民工厂能否用这笔款项的本利和购买设备。

2. 某公司发行一种债券，年利率为 12%，按季计息，1 年后还本付息，每张债券还本付息 1 000 元。

要求：计算该债券的现值。

3. 某公司拟购置一台机器，购价为 90 000 元，可使用 8 年，期满无残值。购置该设备后每年可节约人工成本 15 000 元，折现率为 12%。

要求：确定应否购置该机器。

4. 某公司需用一台设备，买价为 9 000 元，可用 8 年。如果租用，则每年年初需付租金 1 500元，假设利率为 8%。

要求：试决定企业应租用还是购买该设备。

5. 某公司向银行借入一笔 6 年期借款，银行借款年利率为 12%，银行规定前 3 年不用还本付息，之后每年年末需要向银行偿付本息 50 000 元。

要求：计算这笔款项的现值是多少？

6. 某企业全部用银行贷款投资兴建一个工程项目，总投资额为 5 000 万元，假设银行借款利率为 16%。该工程当年建成投产。

要求：

(1)该工程建成投产后，分 8 年等额归还银行借款，计算每年年末应还多少。

(2)若该工程建成投产后，每年可获利 1 500 万元，全部用来归还借款的本息，计算需多少年才能还清。

7. 王明将 50 000 元现金进行一项投资。预计在 20 年后这笔款项连本带利达到 250 000 元。

要求：计算该投资年利率为多少时才能实现目标。

第三章　风险与报酬

本章基本内容框架

- 风险
  - 风险的概念
  - 风险的种类
  - 风险报酬
- 单项资产的风险与报酬
  - 计算期望报酬率
  - 计算标准离差
  - 计算标准离差率
  - 计算风险报酬率
  - 计算投资报酬率
- 证券组合的风险与报酬
  - 证券组合的风险
    - 非系统风险
    - 系统风险
  - 证券组合风险总结
  - 证券组合的风险报酬

重点、难点讲解及典型例题

一、风险的种类

(1) 从企业本身来看，按风险形成的原因，风险可分为经营风险和财务风险。

(2) 从投资者角度来看，按风险是否可以进行分散，可分为公司特别风险和市场风险。

【例题 1 · 多项选择题】 下列各项中，属于企业特别风险的有(　　)。

A. 经营风险　　B. 利率风险

C. 财务风险　　D. 汇率风险

【答案】 AC

【解析】 从企业本身来看，按风险形成的原因，风险可分为经营风险和财务风险。

二、单项资产的风险与报酬

单项资产的风险与报酬指标如表 3-1 所示。

表 3-1

指标	计算公式	结论
期望报酬率 $\bar{K}$	$K=\sum_{i=1}^{n}K_iP_i$	各种可能的报酬率的平均化，它是反映集中趋势的一种量度
标准离差 δ	$\delta=\sqrt{\sum_{i=1}^{n}(K_i-\bar{K})^2\cdot P_i}$	期望值相同的情况下，标准离差越小，离散程度越小，风险也越小；反之，风险越大
标准离差率 CV	$CV=\frac{\delta}{\bar{K}}\times 100\%$	期望值不同的情况下，标准离差率越大，风险越大
风险报酬率 R_R	$R_R=bV$	风险报酬系数是将标准离差率转化为风险报酬的一种系数，反映单位风险所能得到的风险价值率
投资报酬率 K	$K=R_F+R_R=R_F+bV$	投资报酬率＝无风险报酬率＋风险报酬率

【例题 2 · 单项选择题】 某种股票的期望报酬率为 15%，其标准离差为 0.06，风险报酬系数为 40%，则该股票的风险报酬率为（　　）。

A. 40%　　B. 16%　　C. 6%　　D. 4%

【答案】 B

【解析】 标准离差率＝标准离差÷期望报酬率＝0.06÷15%＝0.4，风险报酬率＝风险报酬系数×标准离差率＝0.4×40%＝16%。

【例题 3 · 多项选择题】 下列属于衡量风险程度指标的有（　　）。

A. 标准离差　　B. 标准离差率

C. 风险报酬率　　D. 预期报酬率

【答案】 AB

【解析】 预期报酬率反映了各种可能的报酬率的集中趋势（平均化），但不能衡量风险的大小。风险报酬率反映单位风险所能得到的风险价值率，不能衡量风险的大小。所以 CD 不对，AB 都是衡量风险大小的指标。

三、证券组合的风险与报酬

1. 非系统风险

非系统风险又叫公司特别风险或可分散风险，这种风险可通过证券持有的多样化来抵消，即多买几家公司的股票，其中某些公司的股票报酬上升，另一些公司的股票报酬下降，从而降低了风险。

相关性是两种资产的关联程度，用相关系数 r 来表示。相关系数总是在－1～＋1 之间取值。当 $r=-1$ 时，我们把这种相关关系叫做完全负相关，这时把它们组合成一个证券组合，则没有风险。当 $r=1$ 时，我们把这种相关关系叫做完全正相关，把它们组合成一个证券组合，则不能抵消任何风险。当 $r=0$ 时，我们称这两种资产缺乏相关性。

实际上，随机选取两种股票其相关系数为＋0.6 左右的最多，而对绝大多数两种股票而言，r 介于＋0.5～＋0.7 之间。在这种情况下，把两种股票组合成证券组合能降低风险，但不能消除全部风险。

【例题 3 · 单项选择题】 下列关于风险分散的论述正确的是(　　)。

A. 当两种证券为负相关时,相关系数越大,分散风险的效应就越小

B. 当两种证券为正相关时,相关系数越大,分散风险的效应就越大

C. 证券组合的风险低于各种证券风险的平均值

D. 证券组合的风险高于单个证券的最高风险

【答案】 A

【解析】 当 $r=-1$ 时,两种资产完全负相关,由他们组成的证券组合,能分散掉全部的非系统风险;当 $-1<r<0$ 时,分散风险的效应与相关系数的大小成反向变动。当 $r=1$ 时,两种资产完全正相关,由他们组成的证券组合,不能分散任何风险,所以 A 正确,B 不正确。当 $0<r<1$ 时,分散风险的效应与相关系数的大小成正向变动。当 $r=1$ 时,证券组合不能分散任何风险,这时证券组合的风险高于各种证券风险的平均值,当 $r=-1$ 时,证券组合能分散全部的非系统风险,这时证券组合的风险低于单个证券的最高风险。所以 CD 不对。

2. 系统风险

系统风险又称不可分散风险或市场风险,这些风险影响到所有的证券,因此,不能通过证券组合分散掉。不可分散风险的程度通常用 β 系数来计量。

作为整体的证券市场的 β 系数为 1。如果某种股票的风险情况与整个证券市场的风险情况一致,则这种股票的 β 系数也等于 1;如果某种股票的 β 系数大于 1,说明其风险大于整个市场的风险;如果某种股票的 β 系数小于 1,说明其风险小于整个市场的风险。

证券组合的 β 系数的计算公式:

$$\beta_p = \sum_{i=1}^{n} \omega_i \beta_i$$

式中,β_p 代表证券组合的 β 系数;ω_i 代表组合中第 i 种证券所占的比重;β_i 代表组合中第 i 种证券的 β 系数。

【例题 4 · 单项选择题】 通过投资多样化可分散的风险是(　　)。

A. 系统风险　　B. 总风险　　C. 非系统风险　　D. 市场风险

【答案】 C

【解析】 通过投资多样化可分散的风险只有公司特别风险、非系统风险或可分散风险。所以选项 C 正确。

3. 证券组合的风险报酬

可分散风险已经通过证券组合来消减,所以证券组合投资要求补偿的风险只是不可分散风险,而不要求对可分散风险进行补偿。证券组合的风险报酬的计算公式如下:

$$R_p = \beta_p \times (R_M - R_F)$$

式中,R_p 代表证券组合的风险报酬率;β_p 代表证券组合的 β 系数;R_M 代表市场报酬率;R_F 代表风险报酬率。

结论:在其他因素不变的情况下,风险报酬取决于证券组合的 β 系数,β 系数越大,风险收益就越大;反之亦然。或者说,β 系数反映了股票收益对于系统性风险的反应程度。

【例题9·多项选择题】 在计算由两项资产组成的投资组合报酬率时，需要考虑的因素有(　　)。

A. 单项资产的β系数　　B. 证券组合的β系数

C. 市场平均报酬率　　D. 无风险报酬率

【答案】 BCD

【解析】 根据证券组合的风险报酬计算公式：$R_p = \beta_p \times (R_M - R_F)$，答案为BCD。

思考与练习

一、单项选择题

1. 在投资报酬不确定的情况下，按估计的各种可能报酬水平及其发生概率计算的加权平均数是(　　)。

A. 实际投资报酬(率)　　B. 期望投资报酬(率)

C. 必要投资报酬(率)　　D. 无风险报酬(率)

2. 企业进行多元化投资，其目的之一是(　　)。

A. 追求风险　　B. 消除风险　　C. 减少风险　　D. 接受风险

3. 在预期报酬率相同时，标准差越大的方案，其风险(　　)。

A. 越大　　B. 越小　　C. 两者无关　　D. 无法判断

4. 多个方案相比较，标准离差率越小的方案，其风险(　　)。

A. 越大　　B. 越小　　C. 两者无关　　D. 无法判断

5. 以下关于经营风险的论述正确的是(　　)。

A. 只与企业的内部因素有关，与外部因素无关

B. 是因借款而带来的风险

C. 通过企业经营者的努力，可以完全避免

D. 是生产经营上的不确定性带来的风险

6. 对预期报酬率不同的两种方案的风险程度进行比较时，选用的指标是(　　)。

A. 预期报酬率　　B. 标准差　　C. 标准离差率　　D. 方差

7. 以下关于风险的论述，错误的是(　　)。

A. 风险越大，投资者要求的报酬率越高

B. 风险程度只能用标准离差或标准离差率来表示

C. 标准离差不能用于比较预期报酬率不同的方案之间的风险程度

D. 投资报酬率由无风险报酬率和风险报酬率组成

8. 当两种证券完全正相关时，由此所形成的证券组合(　　)。

A. 能适当地分散风险

B. 不能分散风险

C. 证券组合风险小于单项证券风险的加权平均值

D. 可分散全部风险

9. 当两种证券完全正相关时，它们的相关系数是(　　)。

A. 0　　B. 1　　C. −1　　D. 不确定

10. 以下有关 β 系数描述正确的是(　　)。

A. β 系数反映了证券组合的全部风险

B. 用来衡量可分散风险

C. 用于反映个别证券报酬变动相对于市场报酬变动的灵敏程度

D. 当其等于 1 时,某证券的风险情况与整个证券市场的风险无关

二、多项选择题

1. 在财务管理中,可以用来衡量风险大小的有(　　)。

A. 期望报酬率　　B. 标准离差

C. 标准离差率　　D. 投资报酬率

2. 下列关于单个投资方案风险的表述,正确的有(　　)。

A. 预期报酬率的标准差越大,投资风险越大

B. 预期报酬率的标准离差率越大,投资风险越大

C. 预期报酬率的概率分布越窄,投资风险越小

D. 预期报酬率的概率分布越宽,投资风险越大

3. 风险按是否可以分散,可分为(　　)。

A. 系统风险　　B. 经营风险　　C. 非系统风险　　D. 财务风险

4. 风险按其形成原因,可分为(　　)。

A. 市场风险　　B. 公司特有风险　　C. 经营风险　　D. 财务风险

5. 财务风险的来源有(　　)。

A. 企业借入资本到期还本付息的不确定性

B. 借入资本对自有资本比例的大小

C. 生产经营上的不确定性

D. 投资的期望报酬率

6. 当两个投资项目的预期报酬率相同时,下列说法中正确的有(　　)。

A. 两个项目的风险程度不一定相同

B. 两个项目的风险程度一定相同

C. 标准差大的项目风险大

D. 标准差小的项目风险大

7. 降低经营风险的途径有(　　)。

A. 增加销售量　　B. 提高产品售价

C. 加大成本投入　　D. 增加借入资本

8. 下列情况引起的风险属于可分散风险的有(　　)。

A. 经济衰退　　B. 新产品试制失败

C. 银行利率变动　　D. 劳动纠纷

9. 下列情况引起的风险属于不可分散风险的有(　　)。

A. 经济衰退　　B. 通货膨胀

C. 战争　　　　D. 劳动纠纷

10. 影响单项资产投资报酬率的因素有(　　)。

A. 无风险报酬率　　　　B. 风险报酬率

C. 该项资产的价值　　　　D. 期望报酬率

三、判断题

1. 标准离差以绝对数衡量决策方案的风险,在期望值相同的情况下,标准离差越大,风险越大。(　　)

2. 在风险分散过程中,随着资产组合中资产数目的增加,分散风险的效应会越来越明显。(　　)

3. 市场风险是指市场报酬率整体变化所引起的市场上所有资产的报酬率的变动性,它是影响所有资产的风险,因而不能被分散掉。(　　)

4. 两种完全负相关的股票组成的证券组合,不能抵消任何风险。(　　)

5. β 系数实际上是不可分散风险的指数,用于反映个别证券收益的变动相对于市场收益变动的灵敏程度。(　　)

6. 当某种证券的 β 系数为 0 时,该种证券的风险情况与整个证券市场的风险一致。(　　)

7. 证券组合的总体风险一定不会大于组合中单个证券的个别风险的最大值。(　　)

8. 市场风险是指那些影响所有公司的因素引起的风险,也叫可分散风险。(　　)

9. 企业在资本全部自有的情况下,只有经营风险而无财务风险;企业在存在借入资本的情况下,只有财务风险而无经营风险。(　　)

10. 风险本身可能带来超出预期的损失,也可能带来超出预期的收益。(　　)

四、计算分析题

1. 某公司持有由甲、乙、丙三种股票构成的证券组合,三种股票的 β 系数分别是 2.0、1.3 和 0.7,它们的投资额分别是 60 万元、30 万元和 10 万元。股票市场平均报酬率为 10%,无风险报酬率为 5%。要求:

(1) 确定证券组合的 β 系数。

(2) 确定证券组合的风险报酬率。

2. 某公司拟进行股票投资,计划购买 A、B、C 三种股票,并分别设计了甲、乙两种投资组合。

已知三种股票的 β 系数分别为 1.5、1.0 和 0.5,它们在甲种投资组合下的投资比重为 50%、30%和 20%;乙种投资组合的风险报酬率为 3.6%。同期市场上所有股票的平均报酬率为 10%,无风险报酬率为 6%。要求:

(1) 根据 A、B、C 股票的 β 系数,分别评价这三种股票相对于市场投资组合而言的投资风险大小。

(2) 计算甲种投资组合的 β 系数和风险报酬率。

(3) 计算乙种投资组合的 β 系数和投资报酬率。

(4) 比较甲乙两种投资组合的 β 系数，评价它们的投资风险大小。

3. 某企业有 A、B 两个投资项目，两个投资项目的收益率及其概率分布情况如表 3-2 所示。

表 3-2　　　　A、B 投资项目的收益率及其概率分布情况

项目实施情况	该种情况出现的概率		投资报酬率	
	项目 A	项目 B	项目 A	项目 B
好	0.2	0.3	15%	20%
一般	0.6	0.4	10%	15%
差	0.2	0.3	0	−10%

要求：

(1) 估算两项目的预期收益率。

(2) 估算两项目的标准离差。

(3) 估算两项目的标准离差率。

4. 甲乙两个投资项目，投资者对其要求的报酬率分别为 20% 和 30%，甲、乙两个项目各自的标准离差率为 0.8 和 2.0，无风险报酬率为 6%，投资者的风险报酬系数为 0.12。

要求：试比较并确定应选择哪个方案。

第四章　资产定价

本章基本内容框架

- 有效市场假说
  - 有效市场假说的含义
  - 有效市场假说的三种形态
- 资本资产定价模型
  - 资本资产定价模型的假设条件
  - 资产定价模型的一般形式及影响因素
    - 资本资产定价模型的一般形式
    - 证券市场线
    - 资本资产定价模型的影响因素
  - 资本资产定价模型在证券组合中的应用
- 证券估价
  - 债券的估价
    - 债券的种类
    - 债券的基本要素
    - 债券的估价模型
    - 债券投资的优缺点
  - 股票的估价
    - 股票概述
    - 股票的估价模型
    - 股票投资的优缺点

重点、难点讲解及典型例题

一、有效市场假说的三种形态

有效市场假说的三种形态的含义与判断标志如表 4-1 所示。

表 4-1　　有效市场假说的三种形态的含义与判断标志

市场形态	弱式有效市场	半强式有效市场	强式有效市场
含义	如果一个市场的股价只反映历史信息，则它是弱式有效市场	如果一个市场的价格不仅反映历史信息，还能反映所有的公开信息，则它是半强式有效市场	如果一个市场的价格不仅反映历史的和公开的信息，还能反映内部信息，则它是一个强式有效市场
判断标志	有关证券的历史资料（如价格、交易量等）对证券的现在和未来价格变动没有任何影响。反之，如果有关证券的历史资料对证券的价格变动仍有影响，则证券市场尚未达到弱式有效	现有股票市价能充分反映所有公开可得的信息。对于投资人来说，在半强式有效的市场中不能通过对公开信息的分析获得超额利润。 在半强式市场中公开信息已反映于股票价格，所以技术分析、基本分析是无用的	无论可用信息是否公开，价格都可以完全地、同步地反映所有信息。 由于市价能充分反映所有公开和私下的信息，对于投资人来说，不能从公开的和非公开的信息分析中获得利润，所以内幕消息无用

【例题 1 · 多项选择题】 下列有关有效资本市场表述，正确的有（　　）。

A. 如果利用证券交易有关的历史信息进行分析并予以投资决策可以获得超额利润，说明市场达到了弱式有效

B. 通过对于异常事件与超常收益率数据的统计分析，如果超常收益只与当天披露的事件相关，则市场属于半强式有效

C. 如果市场半强式有效，技术分析、基本分析和各种估价模型都是无效的，各种共同基金就不能取得超额收益

D. "内幕者"参与交易时不能获得超常盈利，说明市场达到了强式有效

【答案】 BCD

【解析】 如果利用证券交易有关的历史信息进行分析并予以投资决策可以获得超额利润，说明市场没有达到弱式有效选项 A 错误。

二、资本资产定价模型

1. 资市资产定价模型的假设条件

（1）完全竞争。

（2）所有投资者都有相同的预期。

（3）投资者都是价格接受者和风险厌恶者，即在风险相同时，他将选择期望报酬率大的投资组合，而在期望报酬率相同时，他将选择风险小的投资组合。

（4）资本市场上没有摩擦。

（5）存在无风险资产，且借入贷出数额不受任何限制。

（6）单一的投资期限。

【例题 2 · 多项选择题】 资本资产定价模型的基本假定有（　　）。

A. 单一的投资期限

B. 所有投资者都有相同的预期

C. 所有投资者都能以给的无风险利率借入或贷出资本，其数额不受限制

D. 无任何税收

【答案】 ABCD

【解析】 资本资产定价模型的假设条件总共有6条：①完全竞争。②所有投资者都有相同的预期。③投资者都是价格接受者和风险厌恶者，即在风险相同时，他将选择期望报酬率大的投资组合，而在期望报酬率相同时，他将选择风险小的投资组合。④资本市场上没有摩擦。⑤存在无风险资产，且借入贷出数额不受任何限制。⑥单一的投资期限。

2. 资本资产定价模型的一般形式

资本资产定价模型的一般形式可用下列公式表示：

$$K_i = R_F + \beta_i(R_M - R_F)$$

式中，K_i 代表某一证券的必要报酬率；R_F 代表无风险报酬率；β_i 代表该证券的 β 系数；R_M 代表市场报酬率。

【例题3·多项选择题】 在资本资产定价模型中，风险与预期报酬率的关系是（　　）。

A. 预期报酬率＝无风险利率＋风险溢价

B. 预期报酬率＝无风险利率×风险程度

C. 预期报酬率＝无风险利率＋市场风险溢价

D. 预期报酬率＝无风险利率＋市场风险溢价×风险程度

【答案】 AD

【解析】 资本资产定价模型的一般公式：$K_i = R_F + \beta_i(R_M - R_F)$，其中 R_F 为无风险利率，$(R_M - R_F)$ 为市场风险溢价，β 系数表示市场风险的大小，$\beta_i(R_M - R_F)$ 即为风险溢价。

3. 证券市场线

(1) 证券市场线说明必要报酬率 K 与不可分散风险 β 系数之间的关系。β 值越高，要求的风险报酬率也就越高，在无风险报酬率不变的情况下，必要报酬率也就越高。

(2) 证券市场线的斜率不是 β 系数，而是市场风险溢价，即 $(R_M - R_F)$。

4. 资本资产定价模型的影响因素

(1) 通货膨胀：

$$无风险报酬率\ R_F = 无通货膨胀的报酬率\ K_0 + 通货膨胀贴水\ IP$$

(2) 风险回避程度的变化。证券市场线(SML)反映了投资者回避风险的程度——直线越陡峭，投资者越回避风险。也就是说，在同样的风险水平上，要求的报酬更高，或者在同样的报酬水平上，要求的风险更小。

(3) 股票 β 系数的变化。随着时间的推移，β 系数可能会因一个企业的资产组合、负债结构等因素的变化而改变，也会因为市场竞争的加剧、专利权的期满等情况而改变。

【例题4·多项选择题】 下列关于证券市场线的表述，正确的有（　　）。

A. 证券市场线的斜率为 β 系数

B. 预期通货膨胀率提高，会导致证券市场线向上移动

C. 投资者的风险厌恶感增强，会引起证券市场线的斜率增加

D. 在市场均衡的条件下，所有证券都将落在证券市场线上

E. 证券市场线表面单个证券的预期报酬与其市场风险之间的关系

【答案】 BCDE

【解析】 证券市场线的斜率不是β系数，而是市场风险溢价，即$(R_M - R_F)$

【例题5·多项选择题】 根据资本资产定价模型，影响特定股票预期报酬率的因素有(　　)。

A. 无风险报酬率　　B. 通货膨胀率

C. 市场平均的必要报酬率　　D. 特定股票的β系数

【答案】 ABCD

【解析】 根据资本资产定价模型的公式：$K_i = R_F + \beta_i(R_M - R_F)$得出，选项ACD正确。影响资本资产定价模型的其他因素还包括通货膨胀、风险回避程度的变化等，所以选项B正确。

5. 资市资产定价模型在证券组合中的应用

证券组合的必要报酬率为：

$$K_P = R_F + \beta_p(R_M - R_F)$$

式中，K_P代表证券组合的必要报酬率；R_F代表无风险报酬率；β_p代表证券组合的β系数；R_M代表市场报酬率。

【例题6·单项选择题】 当前无风险利率为4%，整个股票市场的平均报酬率为9%，甲股票的β系数为2，甲股票投资人要求的必要报酬率是(　　)。

A. 14%　　B. 18%

C. 13%　　D. 8%

【答案】 A

【解析】 甲股票投资人要求的必要报酬率=4%+2×(9%−4%)=14%。

三、证券估价

1. 债券的估价模型

根据债券的计息方式不同，主要有以下几种债券估价模型：

(1) 每年付息、到期还本债券的估价模型：

$$P = F \times i \times (P/A, k, n) + F \times (P/F, k, n)$$

式中，P代表债券的价格；F代表债券的面值；i代表债券的票面利率；k代表投资者要求的必要报酬率或市场利率。

债券定价的基本原则是：必要报酬率等于债券票面利率时，债券价格就是其面值(债券平价发行)；如果必要报酬率高于债券票面利率，债券的价格就低于其面值(债券折价发行)；如果必要报酬率低于债券票面利率，债券的价格就高于其面值(债券溢价发行)。

(2) 一次还本付息且不计复利债券的估价模型：

$$P = (F + F \times i \times n) \times (P/F, k, n)$$

(3) 贴现债券的估价模型：

$$P = F\times(P/F,k,n)$$

(4) 债券到期收益率的计算：

$$P = F\times i\times(P/A,r,n)+F\times(P/F,r,n)$$

式中，r 代表债券的到期收益率；其他符号含义同上式。

【例题7·单项选择题】 某公司发行总面额为1 000万元的债券，票面利率为7.5%，偿还期限为4年，每年年末付息一次，若公司要求的报酬率为9%，则该债券价格为(　　)元时可以购买。

A. 900　　B. 951.38　　C. 1 000　　D. 750

【答案】 B

【解析】 由 $P=1\,000\times7.5\%\times(P/A,9\%,4)+1\,000\times(P/F,9\%,4)$ 得出，$P=951.38$ (元)。

2. 普通股股票的估价模型

(1) 短期持有、未来准备出售的股票估价模型：

$$V=\sum_{t=1}^{n}D_t\times(P/F,k,t)+V_n\times(P/F,k,n)$$

式中，V 代表股票的内在价值；D_t 代表第 t 期的股利额；V_n 代表股票第 n 期的售价；K 代表投资者要求的必要报酬率。

(2) 长期持有股票，股利稳定不变的股票估价模型。在每年股利稳定不变，投资人持有期间很长的情况下，股票的估价模型可简化为：

$$V=\frac{D}{k}$$

式中，D 代表每年的股利额；其他符号含义同上式。

(3) 长期持有股票，股利固定增长的股票估价模型：

$$V=\frac{D_0\times(1+g)}{k-g}=\frac{D_1}{k-g}$$

式中，g 代表股利的增长率；其他符号含义同上式。

【例题8·单项选择题】 某公司股票目前发放的股利为每股2元，股利按10%的比例固定递增，投资者要求的必要报酬率为15%，则该股票目前的市价为(　　)元/股。

A. 44　　B. 13　　C. 30.45　　D. 35.5

【答案】 A

【解析】 根据固定增长股利模型，普通股成本计算如下：$V=[2\times(1+10\%)]\div(15\%-10\%)$。

$V=44$，所以答案为A。

思考与练习

一、单项选择题

1. 如果股票价格的变动与历史股价相关，资本市场(　　)。

A. 无效　　B. 弱式有效　　C. 半强式有效　　D. 强式有效

2. 下列有关半强式有效市场的表述中，不正确的是(　　)。

A. 半强式有效资本市场是指当前的股票价格完全地反映全部公开的有用信息的市场

B. 通过对于异常事件与超常收益率数据的统计分析，如果超常收益只与当天披露的事件相关，则市场属于半强式有效

C. 如果市场半强式有效，技术分析、基本分析和各种估价模型都是无效的，各种共同基金不能获得超额收益

D. 内部信息获得者参与交易时不能获得超常盈利，说明市场达到半强式有效

3. 公司增发的普通股市价为 12 元/股，本年发放股利每股 0.6 元，已知同类股票的预计收益率为 11%，则维持此股价需要的股利年增长率为(　　)。

A. 5%　　B. 5.39%　　C. 5.71%　　D. 10.23%

4. 某债券面值为 1 000 元，期限为 5 年，票面利率为 8%，每年付息一次，5 年后一次还本，若债券市场的平均报酬率为 12%，则债券发行价格应为(　　)元。

A. 855.4　　B. 1 000　　C. 800　　D. 1 200

5. 某股票当前的市场价格为 20 元，每股股利为 1 元，预期股利增长率为 4%，则其市场决定的预期收益率为(　　)%。

A. 4　　B. 5　　C. 9.2　　D. 9

6. 某公司股票目前发放的股利为 2.5 元/股，股利按 10%的固定比例逐年递增，据此计算出的必要报酬率为 18%，该股票目前的市价为(　　)元。

A. 30.45　　B. 31.25　　C. 34.38　　D. 35.5

7. 债券到期收益率的计算原理是(　　)。

A. 到期收益率是购买债券后一直持有至到期的内含报酬率

B. 到期收益率是能使债券每年利息收入的现值等于债券买入价格的折现率

C. 到期收益率是债券利息收益率与资本利得收益率之和

D. 到期收益率的计算要以债券每年末计算并支付利息、到期一次还本为前提

8. 某企业于 2014 年 4 月 1 日以 10 000 元购得面值为 10 000 元的新发行债券，票面利率为 10%，两年后一次还本，每年支付一次利息，该企业持有该债券至到期日，其 2014 年 4 月 1 日到期收益率为(　　)。

A. 12%　　B. 16%　　C. 8%　　D. 10%

9. 某股票的未来股利不变，当股票市价低于股票价值时，则预期报酬率比投资人要求的最低报酬率(　　)。

A. 高　　B. 低　　C. 等于　　D. 不确定

10. 某企业于 2013 年 4 月 1 日以 950 元购得面额为 1 000 元的新发行债券，票面利率

12%，每年付息一次，到期还本，该企业若持有该债券至到期日，其到期收益率为（　　）。

A. 高于12%　　B. 低于12%　　C. 等于12%　　D. 难以确定

二、多项选择题

1. 如果资本市场半强式有效，投资者（　　）。

A. 通过技术分析不能获得超额收益

B. 运用估计模型不能获得超额收益

C. 通过基本面分析不能获得超额收益

D. 利用非公开信息不能获得超额收益

2. 根据有效市场假说，下列说法中，正确的有（　　）。

A. 只要所有的投资者都是理性的，市场就是有效的

B. 只要投资者的理性偏差具有一致倾向，市场就是有效的

C. 只要投资者的理性偏差可以相互抵消，市场就是有效的

D. 只要有专业的投资者进行套利，市场就是有效的

3. 下列关于资本资产定价模型β系数的表述中，正确的有（　　）。

A. β系数可以为负数

B. β系数是影响证券收益的唯一因素

C. 投资组合的β系数一定会比组合中任一单只证券的β系数低

D. β系数反映的是证券的系统风险

4. 市场有效的外部标志有（　　）。

A. 市场上的每个人都是理性的投资者，他们能够确定每种证券的真实价值，并据此作出最佳的交易决策

B. 信息能够在证券价格中快速、完全地得到反映，而这些信息所引起的价格调整也是恰当的

C. 投资人是理性的，当市场发布新的信息时所有投资人都会议理性的方式调整自己对股价的估计

D. 所有相关信息（包括内部信息和公开信息）都在证券价格中反映出来

5. 在一个达到弱式有效的证券市场上，下列表述正确的有（　　）。

A. 有关证券的历史信息对证券的现在和未来的价格变动没有任何影响

B. 利用历史信息的投资策略无效

C. 股价是随机变动的

D. 证券价格变动呈现历史性规律

6. 下列关于强式有效市场的说法中，正确的有（　　）。

A. 强式有效市场下，对于投资人来说，内部消息无用

B. 强式有效市场的特征是无论可用信息是否公开，价格都可以完全地、同步地反映所有信息

C. 多数实证研究表明内部消息获得者获得了一定的超额收益，从而说明各国资本市场尚不具备强式有效特征

D. 对强式有效资本市场的检验，主要考察内部消息获得者参与交易时能否获得超常盈利

7. 在复利计息，到期一次还本的条件下，债券票面利率与到期收益率不一致的情况有(　　)。

A. 债券平价发行，每年付息一次　　B. 债券平价发行，每半年付息一次

C. 债券溢价发行，每年付息一次　　D. 债券折价发行，每年付息一次

8. 下列因素变动会影响债券到期收益率的有(　　)。

A. 债券面值　　B. 票面利率

C. 市场利率　　D. 债券购买价格

9. 下列有关债券价值影响因素表述，正确的有(　　)。

A. 对于分期付息的债券，当期限接近到期日时，债券价值向面值靠近

B. 债券价值的高低受利息支付方式的影响

C. 假设其他条件相同，一般而言债券期限越长，债券价值越大

D. 当市场利率上升时，债券价值会下降

10. 债券 A 和债券 B 是两只刚发行的平息债券，债券的面值和票面利率相同，票面利率均高于必要报酬率，以下说法中，正确的有(　　)。

A. 如果两债券的必要报酬率和利息支付频率相同，偿还期限长的债券价值低

B. 如果两债券的必要报酬率和利息支付频率相同，偿还期限长的债券价值高

C. 如果两债券的偿还期限和必要报酬率相同，利息支付频率高的债券价值低

D. 如果两债券的偿还期限和利息支付频率相同，必要报酬率与票面利率差额大的债券价值高

三、判断题

1. 如果市场是有效的，技术分析和基本分析可以帮助实现理财目标。(　　)

2. 市场有效性要求所有的投资人都是理性的，当市场发布新的信息时所有的投资者都会以理性的方式调整自己对股价的估计。(　　)

3. 半强式有效市场是指当前的股价完全地反映全部公开的有用信息的市场。(　　)

4. 内幕者参与交易时不能获得超常盈利，说明市场达到半强式有效。(　　)

5. 两种债券的面值、到期时间和票面利率相同，1 年内复利次数多的债券实际计息期利率较高。(　　)

6. 如果等风险的市场利率不变，那么随着时间向到期日靠近，折价发行债券的价值会随时间的延续而逐渐上升。(　　)

7. 随着到期时间的缩短，必要报酬率变动对债券价值的影响越来越小。(　　)

8. 在债券估计模型中，折现率实际上就是必要报酬率，折现率越大，债券价值越低。(　　)

9. 债券价值的高低受支付方式的影响。(　　)

10. 债券价值等于债券未来现金流入的现值，在其他条件相同的情况下，对于溢价发行的债券，期限越长，债券价值越大。(　　)

四、计算分析题

1. 有一面值为 1 000 元的债券，票面利率为 8%，每年支付一次利息，20×1 年 5 月 1 日发行，5 年期，20×6 年 4 月 30 日到期。假设投资的折现率为 10%。

要求：计算该债券的价值。

2. ABC 公司 20×1 年 2 月 1 日用平价购买一张面额为 1 000 元的债券，其票面利率为 8%，每年 2 月 1 日计算并支付一次利息，并于 5 年后的 1 月 31 日到期。该公司打算持有该债券至到期日。

要求：计算其到期收益率。

3. 有一纯贴现债券，面值 1 000 元，20 年期。假设折现率为 10%。

要求：计算该债券价值。

4. 甲公司有一笔闲置资金，可以进行为期一年的投资，市场上有三种债券可供选择，相关资料如下：

(1) 三种债券的面值均为 1 000 元，到期时间均为 5 年，到期收益率均为 8%。

(2) 甲公司计划一年后出售购入的债券，一年后三种债券到期收益率仍为 8%。

(3) 三种债券票面利率及付息方式不同。A 债券为零息债券，到期支付 1 000 元；B 债券的票面利率为 8%，每年年末支付 80 元利息，到期支付 1 000 元；C 债券的票面利率为 10%，每年年末支付 100 元利息，到期支付 1 000 元。

要求：

(1) 计算每种债券当前的价格。

(2) 计算每种债券 1 年后的价格。

第五章　投资决策基础

本章基本内容框架

- 公司投资概述
  - 公司投资的意义与分类
  - 公司投资的程序
- 现金流量的一般分析
  - 现金流量的构成
    - 初始现金流量
    - 营业现金流量
    - 终结现金流量
  - 现金流量的计算
- 投资决策指标的分析
  - 静态投资指标
    - 投资回收期
    - 平均报酬率
    - 平均会计报酬率
  - 动态投资指标
    - 净现值
    - 内含报酬率
    - 获利指数

重点、难点讲解及典型例题

一、现金流量的构成

在投资决策中，现金流量是指一个项目引起的企业现金支出和现金收入增加的数量。只有增量现金流量才是与项目相关的现金流量。另外，这里所说的“现金”是广义的现金，不仅包括各种货币资金，也包括需要投入的企业现有的非货币资源的变现价值。

按照现金流动的方向，现金流量可分为现金流入量、现金流出量和净现金流量(NCF)。

按照现金流量发生的时间，现金流量可分为初始现金流量、营业现金流量和终结现金流量。

【提示】　关于现金流量时点化假设：

(1) 以第一笔现金流出的时间为“现在”时间即“零”时点。不管它的日历时间是几月几日。在此基础上，一年为一个计息期。

(2) 对于原始投资，如果没有特殊指明，均假设现金在每个“计息期初”支付。

(3) 对于收入、成本、利润,如果没有特殊指明,均假设在“计息期末”取得。

【例题1·多项选择题】 下列属于初始现金流出量的有(　　)。

A. 固定资产上的投资　　B. 垫支在流动资产上的投资

C. 回收流动资金　　D. 营业费用

E. 原有固定资产的变价收入　　F. 其他投资费用

【答案】 ABEF

【解析】 初始现金流量一般包括以下几部分:购建生产线的价款、垫支的营运资金、原有生产线的变价收入扣除相关税金后的净收益、其他相关投资费用。

【例题2·多项选择题】 营业现金流量是指投资项目投入使用后,在其寿命周期内由于生产经营所带来的现金流入和流出的数量。这里现金流出是指(　　)。

A. 非付现成本

B. 缴纳的税金

C. 付现成本 D. 固定资产折旧

【答案】 BC

【解析】 营业成本包括付现成本和非付现成本,非付现成本主要指折旧费,另外还包括无形资产的摊销额等,非付现成本不需要每年支付,不属于现金流出。

营业现金流出量包括付现成本和所得税(所得税也是企业的一种现金支付),因此答案为BC。

【例题3·多项选择题】 下列属于终结现金流量范畴的是(　　)。

A. 固定资产折旧

B. 固定资产残值收入

C. 垫支流动资金的收回

D. 停止使用的土地的变价收入

【答案】 BCD

【解析】 终结现金流量主要包括以下几部分:生产线出售(报废)时的残值收入扣除所需要上缴的税金等支出后的净收入;收回的营运资金;其他现金流入(如停止使用的土地的变价收入等)。

二、动态投资指标

1. 动态投资指标计算总结

设:A——未来现金流入的现值

B——未来现金流出的现值

动态指标:
- 净现值(NPV) ⟹ A－B
- 获利指数(PI) ⟹ A/B
- 内含报酬率(IRR) ⟹ A＝B时的折现率

2. 动态投资指标之间的联系与区别(见表 5-1)

表 5-1　　动态投资指标的比较

<table>
<tr><th>比较</th><th colspan="4">内容</th></tr>
<tr><td>相同点</td><td colspan="4">(1) 都考虑了资金的时间价值；
(2) 都考虑了项目期限内全部的现金流量；
(3) 都受建设期的长短、回收额的有无以及现金流量大小的影响；
(4) 在评价单一方案可行与否的时候，结论一致。
当 $NPV>0$ 时，$PI>1$，$IRR>$资本成本，该项目可以增加股东财富，应予采纳；
当 $NPV=0$ 时，$PI=1$，$IRR=$资本成本，不改变股东财富，没有必要采纳；
当 $NPV<0$ 时，$PI<1$，$IRR<$资本成本，该项目将减损股东财富，应予放弃</td></tr>
<tr><td rowspan="5">不同点</td><td>指标</td><td>净现值</td><td>获利指数</td><td>内含报酬率</td></tr>
<tr><td>指标性质</td><td>绝对数指标</td><td>相对数指标</td><td>相对数指标</td></tr>
<tr><td>指标反映的收益特性</td><td>衡量投资的效益</td><td>衡量投资的效率</td><td>衡量投资的效率</td></tr>
<tr><td>是否受设定折现率的影响</td><td>是</td><td>是</td><td>否</td></tr>
<tr><td>是否反映项目本身报酬率</td><td>否</td><td>否</td><td>否</td></tr>
</table>

【例题 4 · 多项选择题】　在投资决策分析中使用的贴现现金流量指标有(　　)。

A. 净现值　　B. 内部报酬率　　C. 投资回收期　　D. 获利指数

E. 平均报酬率　　F. 平均会计报酬率

【答案】　ABD

【解析】　动态投资指标因为考虑了货币时间价值，也称为贴现现金流量指标，包括净现值、获利指数和内含报酬率。

【例题 5 · 多项选择题】　如果其他因素不变，一旦折现率提高，则下列指标中其数值将会变小的有(　　)。

A. 净现值　　B. 内部报酬率　　C. 投资回收期　　D. 获利指数

E. 平均报酬率　　F. 平均会计报酬率

【答案】　AD

【解析】　内含报酬率、投资回收期、平均报酬率和平均会计报酬率的数值大小不受折现率高低的影响。

净现值 $(NPV)=\sum_{t=1}^{n}\frac{NCF_t}{(1+k)}-C$，$NPV$ 与折现率 k 呈负相关，所以 k 提高，NPV 将变小；

获利指数 $(PI)=\frac{\sum_{t=1}^{n}\frac{NCF_t}{(1+k)}}{C}$，$PI$ 与折现率 k 呈负相关，所以 k 提高，PI 将变小。

【例题 6 · 多项选择题】　若净现值为负数，表明该投资项目(　　)。

A. 投资报酬率小于 0，不可行　　B. 各年利润小于 0，不可行

C. 投资报酬率不一定小于 0　　D. 为亏损项目，不可行

E. 投资报酬率没有达到预定的折现率，不可行

【答案】 CE

【解析】 净现值为负数，即表明投资项目的报酬率小于预定的折现率，方案不可行。但并不表明该方案一定为亏损项目或投资报酬率小于0。

【例题7·多项选择题】 影响投资项目内含收益率大小的因素包括（　　）。

A. 投资项目的原始投资　　B. 投资项目的现金流量

C. 投资项目的有效年限　　D. 投资项目的预期报酬率

E. 银行贷款利率　　F. 企业要求的最低投资报酬率

【答案】 ABC

【解析】 内含报酬率(IRR)为 $NPV=\sum_{t=1}^{n}\frac{NCF_t}{(1+IRR)}-C=0$ 时的折现率，因此内含报酬率的大小与投资项目的原始投资、现金流量、有效年限有关，与预定的折现率高低无关。

思考与练习

一、单项选择题

1. 计算营业现金流量时，每年净现金流量可按公式（　　）来计算。

A. NCF＝年营业收入－付现成本

B. NCF＝年营业收入－付现成本－所得税

C. NCF＝净利润＋折旧＋所得税

D. NCF＝净利润＋折旧－所得税

2. 某投资方案的年营业收入为10 000元，年营业成本为6 000元，其中年折旧额为1 000元，所得税税率为25%，该方案每年的营业现金流量为（　　）元。

A. 5 000　　B. 6 000　　C. 3 000　　D. 4 000

3. 下列说法不正确的是（　　）。

A. 当净现值大于零时，获利指数小于1

B. 当净现值大于零时，说明该方案可行

C. 当净现值为零时，说明此时的折现率等于内含报酬率

D. 净现值是未来总报酬的总现值与初始投资额现值之差

4. 当贴现率与内含报酬率相等时（　　）。

A. 净现值小于零　　B. 净现值等于零

C. 净现值大于零　　D. 净现值不一定

5. 某投资项目原始投资为12万元，当年完工投产，有效期3年，每年可获得现金流量4.6万元，则该项目内含报酬率为（　　）。

A. 6.68%　　B. 7.32%　　C. 7.68%　　D. 8.32%

6. 某投资方案贴现率为18%，净现值为－3.17万元，贴现率为16%时，净现值为6.12万元，则该方案的内部报酬率为（　　）。

A. 14.68%　　B. 16.68%　　C. 17.32%　　D. 18.32%

7. 某公司拟投资10万元建一项目，预计该项目当年投资当年完工，预计投产后每年获得净利1.5万元，年折旧率为10%，该项目回收期为(　　)年。

A. 3　　B. 5　　C. 4　　D. 6

8. 下列说法中不正确的是(　　)。

A. 按收付实现制计算的现金流量比按权责发生制计算的净收益更加可靠

B. 利用净现值不能揭示投资方案可能达到的实际报酬率

C. 分别利用净现值、现值指数、回收期、内含报酬率进行同一项目评价时，评价结果有可能不一致

D. 回收期法和平均会计报酬率法都没有考虑回收期满后的现金流量状况

9. 已知某投资项目按14%折现率计算的净现值大于零，按16%折现率计算的净现值小于零，则该项目的内部收益率肯定(　　)。

A. 小于14%　　B. 大于14%，小于16%

C. 等于15%　　D. 大于16

10. 某投资项目各年的预计净现金流量分别为：NCF_0＝－200万元，NCF_1＝－50万元，$NCF_{2\sim3}$＝100万元，$NCF_{4\sim11}$＝250万元，NCF_{12}＝150万元，则该项目包括建设期的静态投资回收期(　　)年。

A. 2.0　　B. 2.5　　C. 3.2　　D. 4.0

11. 一般情况下，使某投资方案的净现值小于零的折现率(　　)。

A. 一定小于该投资方案的内含报酬率

B. 一定大于该投资方案的内含报酬率

C. 一定等于该投资方案的内含报酬率

D. 可能大于也可能小于该投资方案的内含报酬率

12. 下列各项中，不属于静态投资回收期优点的是(　　)。

A. 计算简便　　B. 便于理解

C. 直观反映返本期限　　D. 正确反映项目总回报

二、多项选择题

1. 以下可以确定一个投资方案可行的条件有(　　)。

A. 净现值大于零　　B. 获利指数大于1

C. 回收期小于1年　　D. 内部报酬率大于1

2. 对于统一投资方案，下列说法中，正确的有(　　)。

A. 资本成本越高，净现值越低

B. 资本成本越高，净现值越高

C. 资本成本相当于内含报酬率时，净现值为零

D. 资本成本高于内含报酬率时，净现值大于零

3. 在投资决策分析中使用的贴现现金流量指标有(　　)。

A. 净现值　　B. 内含报酬率

C. 投资回收期　　D. 获利指数

4. 下列几个因素中影响内含报酬率的有(　　)。

A. 初始投资额　　B. 银行贷款利率

C. 企业必要投资利率　　D. 投资项目有效年限

5. 长期投资决策中的初始现金流量包括(　　)。

A. 固定资产上的投资　　B. 流动资产上的投资

C. 原有固定资产的变价收入　　D. 其他投资费用

6. 在单一方案决策过程中,评价结论一致的评价指标有(　　)。

A. 投资回收期　　B. 现值指数

C. 净现值　　D. 内含报酬率

7. 下列关于净现值的表述中,正确的有(　　)。

A. 净现值=未来报酬的总现值－初始投资额现值

B. 净现值大于0时,该投资方案可行

C. 净现值小于0时,该投资方案可行

D. 不能反映投资方案的实际报酬率

8. 内含报酬率是指(　　)。

A. 投资报酬与总投资的比率

B. 能使未来现金流入量现值与未来现金流出现值相等的贴现率

C. 实际反映投资项目的真实报酬率

D. 企业要求达到的平均报酬率

9. 关于获利指数的表述中正确的有(　　)。

A. 它是投资项目未来报酬总现值与初始投资额的现值之比

B. 它是相对数

C. 考虑了资金的时间价值

D. 有利于在初始投资额不同的投资方案之间的比较

10. 下列指标中,其数值越大越好的有(　　)。

A. 投资回收期　　B. 现值指数

C. 净现值　　D. 内含报酬率

11. 下列属于净现值指标缺点的有(　　)。

A. 没有考虑项目在整个寿命期内的经济状况

B. 当各项目投资额不等时,仅用净现值无法确定独立投资方案的优劣

C. 所采用的折现率不易确定

D. 没有考虑投资的风险性

12. 下列关于评价投资项目的静态投资回收期的主要缺点,正确的有(　　)。

A. 它不能衡量企业的投资风险

B. 它没有考虑货币时间价值

C. 它不能衡量投资方案投资收益率的高低

D. 它没有考虑了回收期满以后的现金流量

三、判断题

1. 投资决策中的现金流量，一般由初始现金流量、营业现金流量和终结现金流量构成。（　　）

2. 净现值法有利于在初始投资额不同的投资方案之间进行对比。（　　）

3. 当净现值大于 0 时，现值指数必定大于 1。（　　）

4. 无论每年的营业净现金流量是否相等，投资回收期均可按下式计算：投资回收期＝原始投资额/每年的 NCF。（　　）

5. 投资回收期既考虑了整个回收期内的现金流量，又考虑了货币的时间价值。（　　）

6. 进行长期投资决策时，如果某个投资方案净现值较小，那么该方案内含报酬率也相对较低。（　　）

7. 净现值考虑了资金的时间价值，能够反映各种投资方案的净收益，但是不能揭示各个投资方案本身可能达到的投资报酬率。（　　）

8. 由于获利指数是用相对数来表示的，所以获利指数法优于净现值法。（　　）

9. 固定资产投资方案的内含报酬率并不一定只有一个。（　　）

10. 初始现金流量与营业现金流量之和就是终结现金流量。（　　）

四、计算分析题

1. 甲公司目前有两个项目可供选择，各年现金流量情况如表 5-2 所示。

表 5-2　　A、B 项目各年现金流量情况　　单位：元

年份	A 项目	B 项目
0	－5 500	－3 500
1	4 000	2 200
2	3 500	1 200
3	1 500	3 000

要求：

(1) 若甲公司要求的项目资金必须在两年内收回，应选择哪个项目？

(2) 甲公司现在采用净现值法，设定贴现率为 15%，应采纳哪个项目？

2. 甲有限责任公司准备购入一台设备以扩大生产能力。现有 A、B 两个方案可供选择：A 方案需投资 10 000 元，使用寿命为 5 年，采用直线法计提折旧，5 年后设备无残值。5 年中每年销售收入为 6 000 元，每年的付现成本为 2 000 元。B 方案需投资 12 000 元，另外在第一年垫支营运资金 3 000 元，采用直线法法计提折旧，使用寿命也为 5 年，5 年后有残值收入 2 000 元。5 年中每年的销售收入为 8 000 元，付现成本第一年为 3 000 元，以后随着设备陈旧，逐年将增加修理费 400 元，假设所得税税率为 25%，公司的资金成本为 10%。

要求：

(1) 分别计算 A 方案和 B 方案各年的净现金流量。

（2）分别计算 A 方案的投资回收期、平均报酬率、净现值。

（3）分别计算 B 方案的投资回收期、平均报酬率、净现值、获利指数和内含报酬率。

（4）通过分析，你认为应采纳哪个方案？

第六章　投资项目决策

本章基本内容框架

- 现金流量的影响因素
  - 现金流量估计中应注意的问题
  - 税负和折旧对现金流量的影响
    - 固定资产变价收入涉及的税金
    - 税后成本和税后收入
    - 折旧的抵税作用
    - 税后现金流量
- 固定资产投资决策
  - 固定资产新建项目的投资决策
  - 固定资产更新项目的投资决策
    - 使用年限不同：平均年成本法
    - 使用年限相同：差额分析法

重点、难点讲解及典型例题

一、现金流量估计中应注意的问题

(1) 不要忽视机会成本。

(2) 区分相关成本与非相关成本。

(3) 要考虑投资方案对公司其他项目的影响。

(4) 对营运资本的影响：所谓营运资本的需要，指增加的经营性流动资产与增加的经营性流动负债之间的差额。

【例题1·多项选择题】 某公司正在开会讨论是否投产一种新产品，对以下收支发生争论。你认为不应列入该项目评价的现金流量有(　　)。

A. 新产品投产需要占用营运资本80万元，它们可在公司周转资金中解决，不需要另外筹集

B. 该项目利用现在未充分利用的厂房和设备，如将该设备出租可获收益200万元，但公司规定不得将生产设备出租，以防止对本公司产品形成竞争

C. 新产品销售会使公司同类产品减少收益100万元；如果本公司不经营此产品，竞争对手也会推出此新产品

D. 拟采用借债方式为本项目筹资，新债务的利息支出每年 50 万元

【答案】 BCD

【解析】 选项 B,C 所述现金流量无论方案采纳与否，流量均存在，所以是非相关成本；不能将融资成本作为相关流量考虑，所以选项 D 为非相关的流量。

【例题 2 · 多项选择题】 某公司的销售部门预计企业投产的新产品，如果每台定价 3 万元，销售量每年可以达到 10 000 台，销售量不会逐年上升，但价格可以每年提高 2%。生产该产品需要的营运资本随销售额而变化，预计为销售额的 10%。假设这些营运资本在年初投入，项目结束时收回。若产品的适销期为 5 年，则下列表述中，正确的有(　　)。

A. 第一年年初垫支的营运资本为 3 000 万元

B. 第二年年初垫支的营运资本为 3 060 万元

C. 第三年年初垫支的营运资本为 3 121.2 万元

D. 第 5 年年末回收的营运资本为 3 247.3 万元

【答案】 AD

【解析】 第二年年初垫支的营运资本为 60 万元，第三年初垫支的营运资本为 61.2 万元，第五年年末回收的营运资本＝3 000＋60＋61.2＋62.42＋63.68＝3 247.30(万元)。如表 6-1 所示。

表 6-1　　各年垫支的营运资本　　单位:万元

	0	1	2	3	4	5
销售收入		3×10 000 ＝30 000	30 000× (1＋2%) ＝30 600	31 212	31 836.24	32 475.96
营运资本需要量(需要占用流动资金)	30 000×10% ＝3 000	30 600×10% ＝3 060	31 212×10% ＝3 121.2	3 183.62	3 247.30	
垫支营运资本(流动资金投资额)	3 000	60	61.2	62.42	63.68	

二、税负和折旧对现金流量的影响

1. 基本概念(见表 6-2)

表 6-2　　税负和折旧的基本概念

基本概念	计算公式
税后成本	税后成本＝支出金额×(1－税率)
税后收入	税后收入＝收入金额×(1－税率) 【提示】 这里的“收入金额”是指根据税法规定需要纳税的收入，不包括项目结束时收回垫支营运资金等现金流入。
折旧抵税	税负减少额＝折旧×税率

2. 税后现金流量的计算

- 初始现金流量
  - 长期资产投资(包括固定资产、无形资产等)
  - 垫支的营运资金
  - 原有资产变现净损益对所得税的影响(当继续使用旧资产时)
- 营业净现金流量 ＝营业收入－付现成本－所得税
  - ＝税后利润＋折旧
  - ＝收入×(1－税率)－付现成本×(1－税率)＋折旧×税率
- 终结现金流量
  - 回收垫支的营运资金
  - 回收固定资产的变价净收入
  - 回收固定资产的残值净损益对所得税的影响(当预计残值与税法规定的净残值不一致时)

【例题3·单项选择题】 考虑所得税的影响时，项目采用加速折旧法计提折旧，计算出来的方案净现值比采用直线法计提折旧所计算出的净现值(　　)。

A. 大　　B. 小　　C. 一样　　D. 难以确定

【答案】 A

【解析】 采用加速折旧法计提折旧前几年多后几年少，在其他条件相同的情况下，只考虑所得税的影响时，采用加速折旧法比直线法计算出的营业净现金流量前几年多后几年少，因此计算出的净现值也就大。

【例题4·单项选择题】 一台旧设备账面价值为30 000元，变现价值为32 000元。企业打算继续用该设备，但由于物价上涨，估计需增加经营性流动资产5 000元，增加经营性流动负债2 000元。假定所得税税率为25%，则继续使用该设备初始现金流量为(　　)元。

A. 32 200　　B. 33 800　　C. 34 500　　D. 35 800

【答案】 C

【解析】 丧失的旧设备变现初始流量＝旧设备变现价值－变现收益纳税

＝32 000－(32 000－30 000)×25%

＝31 500(元)

垫支营运资金＝经营性流动资产－经营性流动负债

＝5 000－2 000＝3 000(元)

继续使用该设备初始现金流量＝31 500＋3 000＝34 500(元)

【例题5·单项选择题】 甲公司购买一台新设备用于生产新产品，设备价值为45万元，使用寿命为5年，期满无残值，按年数总和法计提折旧(与税法规定一致)。用该设备预计每年能为公司带来销售收入38万元，付现成本15万元。最后一年全部收回第一年垫付的营业资金8万元。假设甲公司适用的企业所得税税率为25%，则该公司最后一年因使用该设备产生的现金净流量为(　　)万元。

A. 23　　B. 21.5　　C. 26　　D. 24.5

【答案】 C

【解析】 最后一年折旧＝45×(1/15)＝3(万元)，最后一年的税后利润＝(38－15－3)×(1－25%)＝15(万元)，最后一年的现金净流量＝税后利润＋折旧＋回收营运资金＝15＋3＋8＝26(万元)。

三、固定资产更新项目的投资决策

固定资产更新是对技术上或经济上不宜继续使用的旧资产，用新的资产更换，或用先进的技术对原有设备进行局部改建。

1. 新旧设备使用寿命不相同的更新决策——平均年成本法

固定资产的平均年成本是指该资产引起的现金流出的年平均值。考虑货币时间价值时，用公式表示为：

$$\text{固定资产平均年成本} = \frac{\text{未来年限内现金流出总现值}}{(P/A,i,n)}$$

2. 新旧设备使用寿命相同的更新决策——差额分析法

如果新旧设备的未来使用期限相同，则可采用差额分析法。站在新设备的立场上，如果净现值大于零，则应出售旧设备购置新设备，否则继续使用旧设备。

【例题6·不定项选择题】 宏基公司现有一台旧机床是3年前购进的，目前准备用一台新机床替换。该公司所得税率25%，资本成本率为10%，其余资料如表6-3所示。

表6-3　　新、旧设备有关资料　　单位:元

项目	旧设备	新设备
原价	43 000	50 000
税法残值	3 000	2 000
税法使用年限(年)	8	6
已使用年限(年)	3	0
尚可使用年限(年)	5	6
垫支营运资金	10 000	11 000
每年折旧费(直线法)	5 000	8 000
每年付现成本	10 000	6 000
目前变现价值	20 000	50 000
最终报废残值	3 000	3 000

根据以上资料，回答以下问题：

1. 若继续使用旧设备，则旧设备的初始投资额为(　　)元。

A. 22 000　　B. 20 000

C. 18 000　　D. 23 000

【答案】 A

【解析】 继续使用旧设备的初始投资额包括以下两部分：

初始投资
- 长期资产投资：旧设备初始投资额应以其变现价值考虑(即考虑丧失的变现流量)
- 垫支营运资金：营运资金 10 000 元，3 年前已经垫支，无需新投入

因为旧设备的账面价值＝43 000－5 000×3＝28 000(元)＞20 000 元

所以，继续使用旧设备第一年年初的净现金流出量＝丧失变现的净现金流量

＝变现价值＋变现损失抵税 ＝20 000＋(28 000－20 000)×25%＝22 000(元)

2. 若使用新设备，则新设备的初始投资额为(　　)元。

A. 50 000　　B. 61 000

C. 51 000　　D. 60 000

【答案】 C

【解析】 使用新设备的初始投资额包括以下两部分：

初始投资
- 长期资产投资→设备买价
- 垫支营运资金→新设备购入后需要垫支营运资金 11 000 元，但同时收回旧设备原来垫支的营运资金 10 000 元，因此净投入为 1 000 元

因此使用新设备第一年年初的净现金流出量＝50 000＋1 000＝51 000(元)

3. 以下有关新旧设备税后运行成本的说法，正确的有(　　)。

A. 使用旧设备税后运行成本为 6 250 元

B. 使用新设备税后运行成本为 6 250 元

C. 使用新设备比使用旧设备可节约税后运行成本 3 750 元

D. 使用旧设备比使用新设备可节约税后运行成本 3 750 元

【答案】 AC

【解析】 使用旧设备税后运行成本＝税后付现成本－折旧抵税

＝10 000×(1－25%)－5 000×25%＝6 250(元)

使用新设备税后运行成本＝6 000×(1－25%)－8 000×25%＝2 500(元)

使用新设备比使用旧设备可节约税后运行成本＝6 250－2 500＝3 750(元)

4. 若使用新设备，则新设备终结点回收的现金流量为(　　)元。

A. 14 000　　B. 14 250　　C. 3 750　　D. 13 750

【答案】 D

【解析】 使用新设备终结点回收的现金流量包括以下两部分：

- 回收残值相关流量＝最终残值＋残值净损失抵税(或－残值净收益纳税)
- 回收营运资金：11 000 元

因为：最终残值 3 000 元＞税法残值 2 000 元

所以：使用新设备终结点回收的现金流量＝最终残值－残值净收益纳税＋回收营运资金＝3 000－(3 000－2 000)×25%＋11 000＝13 750(元)

5. 以下说法中，不正确的有(　　)。

A. 旧设备的平均年成本为 6 531.20 元

B. 新设备的平均年成本为 6 531.20 元

C. 旧设备的平均年成本比新设备低，应继续使用旧设备

D. 旧设备的平均年成本比新设备高，应更换新设备

【答案】 BD

【解析】 旧设备的平均年成本＝[22 000－(3 000＋10 000)÷$(P/F,10\%,5)$]÷$(P/A,10\%,5)$＋6 250＝[22 000－(3 000＋10 000)÷0.621]÷3.791＋6 250＝6 531.20(元)

新设备的平均年成本＝[51 000－13 750÷$(P/F,10\%,6)$]÷$(P/A,10\%,6)$＋2 500＝[51 000－13 750÷0.564]÷4.355＋2 500＝8 612.64(元)

旧设备的平均年成本＜新设备的平均年成本，应继续使用旧设备。

思考与练习

一、单项选择题

1. 某一投资方案年营业收入 100 000 元，年总营业成本 60 000 元，其中年折旧额 10 000 元，所得税率为 25%，则该方案年营业现金流量为(　　)元。

A. 30 000　　B. 40 000　　C. 16 800　　D. 43 200

2. 折旧具有抵税作用，由于计提折旧而减少的所得税可用(　　)计算求得。

A. 折旧额×税率　　B. 折旧额×(1－税率)

C. (付现成本＋折旧)(1－税率)　　D. 付现成本×(1－税率)

3. 某公司当初以 100 万元购入一块土地，当目前市价为 80 万元，如欲在这块土地上兴建厂房，应(　　)。

A. 以 100 万元作为投资分析的机会成本考虑

B. 以 80 万元作为投资分析的机会成本考虑

C. 以 20 万元作为投资分析的机会成本考虑

D. 以 180 万元作为投资分析的沉没成本

4. 下列关于投资项目营业现金流量的各种做法中，不正确的是(　　)。

A. 营业现金流量＝营业收入－付现成本－所得税

B. 营业现金流量＝税后净利＋折旧

C. 营业现金流量＝营业收入×(1－税率)－付现成本×(1－税率)＋折旧×税率

D. 营业现金流量＝税后收入－税后成本

5. 年末 ABC 公司正在考虑卖掉现有的一台闲置设备。该设备于 8 年前以40 000万元购入，税法规定的折旧年限为 10 年，按直线法计提折旧，预计残值率为 10%，已提折旧 28 800 元，目前可以按 10 000 元价格卖出，假设所得税税率 25%，卖出现有设备对本期现金

流量的影响是(　　)。

A. 减少 360 元　　B. 减少 1 200 元

C. 增加 9 640 元　　D. 增加 10 300 元

6. 某投资方案的年营业收入为 10 000 元,年付现成本为 6 000 元,年折旧额为 1 000 元,所得税税率为 25%,则该投资方案的年营业现金净流量为(　　)元。

A. 1 680　　B. 2 680　　C. 3 250　　D. 3 990

7. 某公司拟新建一个车间用以生产受市场欢迎的甲产品,据预测甲产品投产后每年可创造 100 万元的收入;但公司原生产的 A 产品会因此受到影响,使用其年收入由原来的 200 万元降低至 180 万元。则与新建车间相关的现金流量为(　　)万元。

A. 100　　B. 80　　C. 20　　D. 120

8. 一台旧设备账面价值为 32 000 元,变现价值为 30 000 元。企业打算继续使用该设备,但由于物价上涨,估计需要增加经营业性流动资产 5 000 元,增加经营性流动负债 2 000 元。假定所得税税率为 25%,则继续使用该设备初始的现金流量为(　　)元。

A. 33 000　　B. 33 500　　C. 32 500　　D. 35 500

二、多项选择题

1. 下列关于相关成本的论述,正确的有(　　)。

A. 相关成本是指与特定决策有关,在分析评价时必须加以考虑的成本

B. 差额成本、未来成本、重置成本、机会成本等都属于相关成本

C. A 设备可按 3 200 元出售,也可对外出租且未来 3 年内可获租金 3 500 元,该设备 3 年前以 5 000 元购置,故出售决策的相关成本为 5 000 元

D. 如果将非相关成本纳入投资方案的总成本,则一个有利(或较好)的方案可能因此变得不利(或较差),从而造成失误

2. 下列关于投资项目营业现金流量预计的各种做法中,正确的有(　　)。

A. 营业现金流量等于税后净利加上折旧

B. 营业现金流量等于营业收入减去付现成本再减去所得税

C. 营业现金流量等于税后收入减去税后成本再加上折旧引起的税负减少额

D. 营业现金流量等于营业收入减去营业成本再减去所得税

3. 下列关于固定资产更新的论述,正确的有(　　)。

A. 如果新旧设备的未来使用寿命不相同,分析时主要采用平均年成本法,以平均年成本较低的方案作为较优方案

B. 如果新旧设备的未来使用寿命不相同,分析时主要采用平均年成本法,以平均年成本较高的方案作为较优方案

C. 如果新旧设备的未来使用期限相同,可以用净现值法进行评价,以净现值较大者为较优方案

D. 如果新旧设备的未来使用期限相同,可以采用差额分析法,先求出对应项目的现金流量差额,再用净现值法或内含报酬率法对差额进行分析、评价

4. 下列关于平均年成本法的论述,正确的有(　　)。

A. 平均年成本是指该资产引起的现金流出的年平均值

B. 平均年成本法是把继续使用旧设备和购置新设备看成是两个互斥的方案

C. 如果考虑货币的时间价值，平均年成本法是未来使用年限内现金流出总现值与年金现值系数的比值

D. 使用平均年成本法时，应将旧设备的变现价值作为购置新设备的一项现金流入

三、判断题

1. 采用加速折旧法计提折旧，计算出来的净现值比采用直线折旧法大。（ ）

2. 某公司 2015 年想新建厂房，2014 年已经支付了 10 000 元的咨询费，这10 000元是公司进行新建厂房决策时的相关成本。（ ）

3. 在计算营业现金流量时，应将机会成本视为现金流出。（ ）

4. 如果一项新产品的上市会减少公司原有产品的销量或者价格，那么在计算新项目现金流量时应将这部分减少的现金流扣除。（ ）

5. 在投资决策中，应纳所得税收入包括项目结束时收回的垫支的流动资金等现金流入。（ ）

6. 某公司每月支付一项保险费 1 000 元，该公司的所得税税率为 25%，那么不管在何种情况下，该公司实际承担的保险费只有 750 元。（ ）

7. 如果一项固定资产的变价收入是 10 000 元，其账面价值是 20 000 元，在固定资产更新决策中在不考虑营业税的情况下，因固定资产变价导致的现金流量增加额为 10 000 元。（ ）

8. 在新旧设备使用寿命不同的固定资产更新决策中，直接使用净现值法得出的答案一定是错误的。（ ）

四、计算分析题

1. 某企业有一个投资项目，需要在建设起点一次投入固定资产投资 200 万元，无形资产投资 25 万元。投资期为 0，营业期 5 年。固定资产预期残值为 0，预计使用年限为 5 年，与税法年限和残值一致，无形资产自投产年份起分 5 年摊销完毕，残值也为 0。投产开始后预计每年流动资产需用额 90 万元，流动负债需用额 30 万元。该项目投产后，预计第 1 到 4 年，每年营业收入 210 万元，第 5 年的营业收入 130 万元，预计每年付现成本 80 万元。该企业按直线法计提折旧，全部营运资金于终结点一次回收，所得税税率为 25%，假设贴现率为 10%。

要求：

(1) 计算该项目营运资本投资总额和原始投资额。

(2) 计算该项目每年的净现金流量。

(3) 计算该项目的净现值和内含报酬率。

(4) 你认为该项目是否可以采纳？

2. 某公司原有一台设备，购置成本为 15 万元，预计使用 10 年，已使用 5 年，预计残值为原值的 10%，该公司采用直线法提取折旧。现该公司拟买新设备替换原设备，以提高生产

率，降低成本，新设备购置成本为20万元，使用年限为5年，同样采用直线法提取折旧，预计残值为购置成本的10%，使用新设备后公司每年的销售额可以从150万元上升到165万元，每年付现成本将从110万元上升到115万元，公司如果购置新设备，旧设备出售可得收入10万元，该企业的所得税税率为25%，资本成本率为10%。

要求：通过计算说明该设备是否应该更新。

3. 永发公司现有一台旧设备，由于节能减排的需要，准备予以更新。资本成本率为15%，所得税税率为40%，其他有关资料如表6-4所示。

表6-4　　该设备其他有关资料　　单位：元

项目	旧设备	新设备
原价	35 000	36 000
预计使用年限(年)	10	10
已经使用年限(年)	4	0
税法残值	5 000	4 000
最终残值(元)	3 500	4 200
目前变现价值(元)	10 000	36 000
每年折旧费(直线法)(元)	3 000	3 200
每年营业成本(元)	10 500	8 000

要求：通过计算说明该设备是否应该更新。

4. 某公司拟采用新设备取代已使用3年的旧设备，旧设备原价14 950元，当前估计尚可使用5年，每年付现成本2 150元，预计最终残值1 750元，目前变现价值8 500元。购置新设备需花费13 750元，预计可使用6年，每年付现成本850元，预计最终残值2 500元。该公司预期报酬率12%，所得税率30%，税法规定该类设备应采用直线法折旧，折旧年限6年，残值为原值的10%。

要求：进行是否更换设备的分析决策，并列出计算分析过程。

第七章　长期筹资方式

本章基本内容框架

- 公司筹资概述
  - 筹资的渠道与方式
  - 筹资类型的划分
  - 筹资数量的预测
- 权益资本
  - 吸收直接投资
  - 发行股票
- 债务资本
  - 长期借款
  - 发行债券
  - 融资租赁
- 混合资本
  - 优先股
  - 认股权证
  - 可转换债券

重点、难点讲解及典型例题

一、公司筹资渠道与方式

企业筹资活动需要通过一定的渠道并采用一定的方式来完成。筹资渠道就是指企业筹措资金的来源与通道。筹资方式是指可供企业在筹措资金时选用的具体筹资形式。资金从哪里来和如何取得资金，既有联系，又有区别。同一渠道的资金往往可以采用不同的方式取得，而同一筹资方式又往往可适用于不同的资金渠道。所以，对于筹资渠道和筹资方式应该分别加以研究。

【例题 1 · 多项选择题】 企业长期筹资渠道可以归纳为（　　）。

A. 国家财政资金　　B. 银行信贷资金
C. 其他金融机构资金　　D. 公司自留资金
E. 居民个人资金　　F. 融资租赁

【答案】 ABCDE

【解析】 “融资租赁”是债务资本的一种筹资方式，而不是一种筹资渠道。我国企业目前筹资渠道主要包括如下几种：①国家财政资金；②银行信贷资金；③其他金融机构资金；④其他企业资金；⑤居民个人资金；⑥公司自留资金。我国企业目前筹资方式主要有以下几种：①吸收直接投资；②发行股票；③银行借款；④发行债券；⑤融资租赁；⑥商业信用等。一定要区分清楚筹资渠道和筹资方式这两个概念。

二、销售百分比法的运用

销售百分比法的原理：销售百分比法根据销售收入与利润表和资产负债表项目之间的比率关系来预测资金需要量。

假设：企业销售收入可以与利润表、资产负债表的各个项目建立起固定的比例关系，并假定这种比例关系维持不变，从而以此为标准，预测未来的短期资金的多余或不足。

当 预计资产 > 预计负债 + 预计所有者权益 时，表明企业资金占用多于资金来源，因此企业需要从外部追加资金。

销售百分比法有两种方法：

(1) 总额法：先根据销售总额预计资产、负债和所有者权益的总额，然后确定融资需求。

(2) 增量法：根据销售的增加额预计资产、负债和所有者权益的增加额，然后确定筹资需求。

【例题 2 · 计算分析题】 华夏公司 2014 年 12 月 31 日资产负债表如表 7-1 所示，已知华夏公司 2014 年销售额为 100 万元，现尚有剩余生产能力（即增加产量不需追加固定资产的投资），预计 2015 年销售额为 120 万元，销售净利率 10%，当年利润分红比率 60%。用销售百分比法预测 2015 年需要对外筹资的总金额。

表 7-1　　华夏公司 2014 年 12 月 31 日资产负债表(简表)　　单位：元

资产		所属项目	负债及所有者权益		所属项目
货币资金	50 000	敏感	应付费用	50 000	敏感
应收账款	160 000	敏感	应付账款	10 0000	敏感
存货	320 000	敏感	长期借款	300 000	非敏感
固定资产	300 000	非敏感	应付债券	100 000	非敏感
长期股权投资	170 000	非敏感	实收资本	300 000	非敏感
			留存收益	150 000	非敏感
资产合计	1 000 000		负债及所有者权益合计	1 000 000	

【答案】

第一种方法——总额法：

第一步，分析敏感项目与非敏感项目，计算敏感项目的销售百分比。因存在剩余生产能力，固定资产净值在本例中为不变动。计算结果如表 7-2 所示。

表 7-2　　资产负债表项目销售百分比

资产	所属项目	销售百分比	负债及所有者权益	所属项目	销售百分比
货币资金	敏感	5%	应付费用	敏感	5%
应收账款	敏感	16%	应付账款	敏感	10%
存货	敏感	32%	长期借款	非敏感	不变动
固定资产净值	非敏感	不变动	应付债券	非敏感	不变动
长期投资	非敏感	不变动	实收资本	非敏感	不变动
			留存收益	非敏感	不变动
资产合计		53%	负债及所有者权益合计		15%

第二步，测算 2015 年需要的筹资总规模。

从表 7-2 可知，销售额每增加 100 元，需要增加 53 元的资金占用，但同时增加了 15 元的资金来源，两者之差即需要净增加 38 元的资金量，所以：

2015 年需要的筹资总金额 =（1 200 000 − 1 000 000）×（53% − 15%）= 76 000（元）

第三步，测算 2015 年需要对外筹资的总规模。

2015 年利润额 = 1 200 000 × 10% = 120 000（元）

2015 年增加的留存收益 = 120 000 ×（1 − 60%）= 48 000（元）

2015 年需要对外筹资的总金额 = 76 000 − 48 000 = 28 000（元）

第二种方法——增量法：

2015 年需要对外筹资的总金额＝资产增加额－负债自然增加额－留存收益增加额
＝（1 200 000－1 000 000）×（53%－15%）
－1 200 000×10%×（1－60%）＝28 000（元）

三、权益资本

权益资本又可以称为股权资本、自有资本，是公司依法筹集（公司投资者投入）并长期拥有、可自主调配运用的资本，包括实收资本、资本公积、盈余公积、未分配利润等。与债务资本相比，权益资本具有以下几个特点：①体现了投资者和公司之间的所有权关系；②公司对权益资本依法享有经营权；③一般没有固定的回报要求。

【例题 3 · 多项选择题】 企业权益资本的筹资方式有（　　）。

A. 发行债券　　B. 吸收直接投资　　C. 发行股票　　D. 内部积累

【答案】 BCD

【解析】 “发行债券”是债务资本的筹资方式，而不是权益资本的筹资方式。

【例题 4 · 多项选择题】 发行股票筹资的特点有（　　）。

A. 发行成本低　　B. 股票变现性强、流通性好

C. 有利于提高公司知名度　　D. 发行范围广、易募足资本

【答案】 BCD

【解析】 发行股票时的发行成本较高。

四、债务资本

债务资本也称为借入资本，是公司依法筹措并依约使用、按期还本付息的资本来源。债务资本对公司来说属于公司的负债，即公司将在一定条件下以其资产或劳务偿还的负债。债务资本主要通过银行借款、发行债券、融资租赁等方式来筹集。与权益资本相比，债务资本具有以下几个特点：①体现了债权人和公司之间的债权债务关系；②公司对债务资本依法享有经营权；③需要定期还本付息。

【例题 5 · 单项选择题】 在几种筹资方式中，兼具筹资费用和资本成本低，对企业有较大灵活性的筹资方式是（　　）。

A. 发行股票　　B. 融资租赁

C. 发行债券　　D. 长期借款

【答案】 D

【解析】 "发行股票"和"融资租赁"的筹资费用和资本成本较高；"发行债券"的筹资费用和资本成本虽然较低，但是灵活性差；"长期借款"兼具筹资费用和资本成本低，对企业有较大灵活性的特点。

【例题 6 · 多项选择题】 债务资本的筹资方式有（　　）。

A. 长期借款　　B. 发行股票

C. 发行债券　　D. 融资租赁

【答案】 ACD

【解析】 "发行股票"属于权益资本的筹资方式。债务资本的筹资方式有长期借款、发行债券、融资租赁等。

【例题 7 · 多项选择题】 与其他债务资本的筹资方式相比，长期借款筹资的特点表现在（　　）。

A. 筹资速度较快　　B. 限制性条款较多

C. 借款成本较高　　D. 借款弹性较大

【答案】 ABD

【解析】 "长期借款"筹资成本较低。

【例题 8 · 多项选择题】 公司发行债券与发行普通股股票相比，下列说法中，正确的有（　　）。

A. 发行债券风险较小，发行普通股风险较大

B. 公司债券具有分配上的优先权

C. 公司债券持有人无权参与公司经营管理

D. 公司债券和普通股都不允许折价发行

【答案】 BC

【解析】 "发行债券"风险较大，"发行股票"风险较小。"公司债券"可以折价发行，"普通股"不允许折价发行，只能平价或溢价发行。

思考与练习

一、单项选择题

1. 以下说法中，正确的是（　　）。

A. 长期负债的筹资成本比短期负债的筹资成本低

B. 对于投资者而言，购买股票的风险低于购买债券

C. 长期借款按照有无担保，分为信用贷款和商业银行贷款

D. 发行债券的筹资成本低于发行股票的筹资成本

2. 普通股筹资不具有（　　）的优点。

A. 成本低　　B. 增强公司信誉

C. 不需承担固定的股利　　D. 不需偿还

3. 下列各种筹资渠道中，属于企业内部筹资渠道的是（　　）。

A. 银行信贷资金　　B. 非银行金融机构资金

C. 企业自留资金　　D. 职工购买企业债券的投入资金

4. 下列需要贷款者参与的租赁形式是（　　）。

A. 经营租赁　　B. 杠杆租赁

C. 直接租赁　　D. 售后租回

5. 相对于发行债券和银行借款购买设备而言，通过融资租赁方式取得设备的主要缺点是（　　）。

A. 限制条款多　　B. 筹资速度慢　　C. 资本成本高　　D. 财务风险大

6. 以下对自销方式销售股票的论述中，正确的是（　　）。

A. 可以节省发行费用　　B. 筹划经历时间短

C. 发行公司不必承担发行风险　　D. 不能直接控制发行过程

7. 下列关于普通股的说法中，不正确的是（　　）。

A. 面值股票是在票面上标有一定金额的股票

B. 普通股按照有无记名分为记名股票和不记名股票

C. 始发股和新股股东的权益和义务是相同的

D. B股是在境外上市，并以外币认购和交易的股票

8. 下列关于股票发行和销售的说法中，不正确的是（　　）。

A. 公开间接发行的股票变现性强，流通性好

B. 股票的销售方式包括包销和代销两种

C. 对社会公众发行的股票，可以记名，也可以不记名

D. 按照我国《公司法》的规定，公司发行股票不准折价发行

9. 下列有关优先股的说法中，不正确的是（　　）。

A. 优先股一般没有表决权　　B. 优先股分配固定的股利

C. 支付的优先股股息可以在税前扣除　　D. 优先分配公司剩余财产

10. 下列不属于融资租赁特性的是（　　）。

A. 根据协议，企业将某项资产出售给出租人，再将其租回使用

B. 由租赁公司融资租物，由企业租入使用

C. 租赁期满，租赁物一般归还给出租者

D. 在租赁期间，出租人一般不提供维修设备的服务

二、多项选择题

1. 公司债券筹资与普通股筹资相比较(　　)。

A. 普通股筹资的风险相对较低

B. 公司债券筹资的资金成本相对较高

C. 普通股筹资可以利用财务杠杆的作用

D. 公司债券利息可以税前列支，普通股股利必须是税后支付

2. 股票上市对公司的不利之处有(　　)。

A. 要负担较高的信息披露成本

B. 股价有时会歪曲公司实际情况，丑化公司形象

C. 有可能会分散公司的控制权

D. 信息公开可能暴露公司的商业秘密

3. 融资租赁租金中包括(　　)。

A. 租赁资产的成本

B. 租赁资产的成本利息

C. 出租人承办租赁业务的费用

D. 出租人向承租企业提供租赁业务所赚取的利润

4. 与股票相比，债券具有(　　)的特点。

A. 债券代表一种债权关系　　　　B. 债券的求偿权优先于股票

C. 债券筹资风险较小　　　　D. 债券筹资不会影响股东的控制权

5. 下列各项中，属于“吸收直接投资”与“发行普通股”筹资方式所共有的缺点有(　　)。

A. 限制条件多　　B. 财务风险大　　C. 控制权分散　　D. 资本成本高

三、判断题

1. 对公司而言，发行债券的风险高，对投资者而言，购买股票的风险高。　(　　)

2. 在其他条件确定的前提下，可转换债券的转换价格越高，对债券持有者越有利。　(　　)

3. 从出租人的角度来看，杠杆租赁与售后租回或直接租赁并无区别。　(　　)

4. 优先股和可转换债券既有债务筹资性质，又有权益筹资性质。　(　　)

5. 公司债券一般分为三等九级，其中只有 AAA 级债券是值得投资的债券。　(　　)

6. 中国允许股份公司自己发行股票，当发起人向社会公开募集股份时，应当由证券经营机构承销股票。　(　　)

7. 对于股东而言，优先股比普通股有更优厚的回报，有更大的吸引力。　(　　)

8. 股份公司无论面对什么样的财务状况，争取早日上市交易都是正确的选择。（　　）

9. 我国企业均可以发行公司债券。（　　）

10. 债券的发行价格与股票的发行价格一样，只允许等价和溢价发行，不允许折价发行。（　　）

四、计算分析题

1. 盛大公司 2014 年 12 月 31 日的简要资产负债表如表 7-3 所示。假定盛大公司 2014 年销售额为 10 000 万元，销售净利率为 10%，利润留存率为 40%。2015 年销售额预计增长 20%，公司有足够的生产能力，无需追加固定资产投资。

表 7-3　　盛大公司 2014 年 12 月 31 日资产负债表(简表)　　单位：万元

资产	金额	与销售关系%	负债与权益	金额	与销售关系%
货币资金	500	5	短期借款	2 500	N
应收账款	1 500	15	应付账款	1 000	10
存货	3 000	30	预提费用	500	5
固定资产	3 000	N	应付债券	1 000	N
			实收资本	2 000	N
			留存收益	1 000	N
合计	8 000	50	合计	8 000	15

要求：

(1) 计算 2015 年公司需增加的营运资金。

(2) 预测 2015 年需要对外筹集资金量。

2. 已知：东信公司 2014 年销售收入为 20 000 万元，销售净利润率为 12%，净利润的 60% 分配给投资者。2014 年 12 月 31 日的资产负债表(简表)如表 7-4 所示。

表 7-4　　东信公司 2014 年 12 月 31 日资产负债表(简表)　　单位：万元

资产	期末余额	负债及所有者权益	期末余额
货币资金	1 000	应付账款	1 000
应收账款	3 000	应付票据	2 000
存货	6 000	长期借款	9 000
固定资产	7 000	实收资本	4 000
无形资产	1 000	留存收益	2 000
资产总计	18 000	负债与所有者权益总计	18 000

该公司 2015 年计划销售收入比上年增长 30%，为实现这一目标，公司需新增设备一台，价值 148 万元。据历年财务数据分析，公司流动资产与流动负债随销售额同比率增减。假定该公司 2015 年的销售净利率和利润分配政策与上年保持一致。

要求：

(1) 计算 2015 年公司需增加的营运资金。

(2) 预测 2015 年需要对外筹集资金量。

3. 某公司于 2015 年 1 月 1 日从租赁公司租入一套设备，价值 500 万元，租期 6 年，租赁期满时预计残值 50 万元，归租赁公司所有。折现率为 10%，租金每年年末支付一次。

要求：计算支付的租金。

第八章　长期筹资决策

本章基本内容框架

- 资本成本
  - 含义与结构
  - 资本成本的类型与作用
  - 资本成本的计算
- 杠杆利益与风险
  - 基本概念与原理
  - 经营杠杆
  - 财务杠杆
  - 联合杠杆
- 资本结构决策
  - 资本结构的含义
  - 资本结构的影响因素
  - 资本结构决策方法

重点、难点讲解及典型例题

一、资本成本的计算

1. 个别资市成市计算(见表 8-1)

表 8-1　　个别资本成本计算

筹资方式	个别资本成本计算
长期借款	$K_l = \dfrac{\text{利率} \times (1-T)}{1-\text{筹资费用率}}$
发行债券	$K_b = \dfrac{\text{债券面值} \times \text{票面利率} \times (1-T)}{\text{发行价格} \times (1-\text{筹资费用率})}$
发行普通股	$K_s = \dfrac{D_0 \times (1+g)}{V \times (1-f)} + g$ 式中，D_0 代表第 0 期股利额；g 代表股利的年增长率；V 代表股票的发行价格；f 代表筹资费用率。
发行优先股	$K_p = \dfrac{\text{年股利额}}{\text{发行价格} \times (1-\text{筹资费用率})}$
留存收益	$K_e = \dfrac{D_0 \times (1+g)}{V} + g$

2. 加权平均资本成本计算

根据各种资本的市场价值确定其所占的比重，并据此对各种资本的个别资本成本进行加权平均计算。

$$K_\omega = \sum_{i=1}^{n} \omega_i K_i$$

式中，K_ω 代表加权平均资本成本；ω_i 代表各种资本所占的比重；K_i 代表各种资本的个别资本成本。

【例题 1 · 单项选择题】 在下列各种筹资方式中，无须考虑筹资费用的筹资方式是（　　）。

A. 银行借款　　B. 发行债券　　C. 发行普通股　　D. 留存收益

【答案】 D

【解析】 留存收益成本的确定方法与普通股成本的确定方法基本相同。但由于使用留存收益资本不需要支付发行费用，因而不需要考虑筹资费用。

【例题 2 · 计算分析题】 金河公司计划筹资 100 万元，假设所得税率 40%。有关资料如下：

（1）向银行借款 10 万元，借款利率为 4.5%，手续费率 0.5%。

（2）溢价发行债券，债券面值为 10 万元，发行价格为 15 元，共筹集 30 万元，票面利率为 6%，期限为 5 年，每年末支付一次利息，筹资费用率为 2%。

（3）发行普通股 40 万元，每股 10 元，预计第一年每股股利 1.2 元，预计股利年增长率为 3%，筹资费用率为 3.5%。

（4）其余为留存收益筹资。

要求：根据上述资料，计算公司的加权平均资本成本。

【答案】 $K_l = \dfrac{4.5\% \times (1-40\%)}{1-0.5\%} = 2.7\%$

$$K_b = \frac{10 \times 6\% \times (1-40\%)}{15 \times (1-2\%)} = 2.4\%$$

$$K_s = \frac{1.2}{10 \times (1-3.5\%)} + 3\% = 15.4\%$$

$$K_e = \frac{1.2}{10} + 3\% = 15\%$$

$$K_\omega = \frac{10}{100} \times 2.7\% + \frac{30}{100} \times 2.4\% + \frac{40}{100} \times 15.4\% + \frac{20}{100} \times 15\% = 10.15\%$$

二、经营杠杆、财务杠杆与联合杠杆

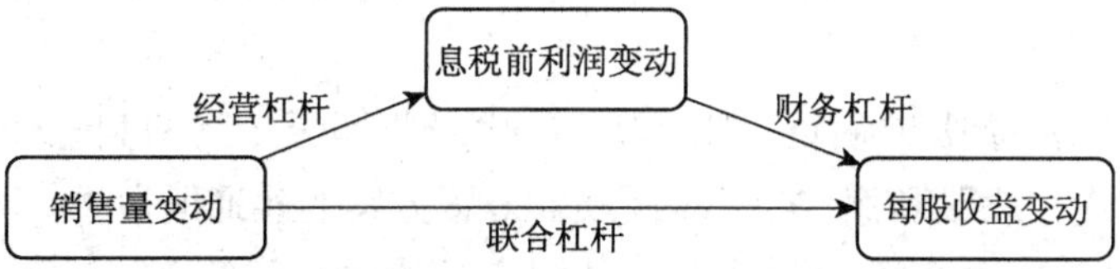

$$经营杠杆系数(DOL)=\frac{\Delta EBIT/EBIT}{\Delta Q/Q}=\frac{M}{M-a}$$

式中，$EBIT$ 代表基期金税前利润；$\Delta EBIT$ 代表息税前利润变动额；Q 代表基期销售量；ΔQ 代表销售量变动额；M 代表边际贡献；a 代表固定成本总额。

$$财务杠杆系数(DFL)=\frac{\Delta EPS/EPS}{\Delta EBIT/EBIT}=\frac{EBIT_0}{EBIT_0-I-\frac{PD}{1-T}}$$

式中，EPS 代表基期每股收益；ΔEPS 代表每股收益变动额；$EBIT$ 代表基期息税前利润。

$$联合杠杆系数(DTL)=DOL\times DFL=\frac{\Delta EPS/EPS}{\Delta Q/Q}$$

【例题 3 · 单项选择题】 当经营杠杆系数是 3，财务杠杆系数是 2.5，则联合杠杆系数是(　　)。

A. 5.5　　B. 0.5　　C. 1.2　　D. 7.5

【答案】 D

【解析】 $DTL=DOL\times DFL=3\times 2.5=7.5$

【例题 4 · 多项选择题】 财务杠杆是因为(　　)存在而产生的。

A. 固定生产成本　　B. 利息费用　　C. 优先股股利　　D. 销售费用

【答案】 BC

【解析】 财务杠杆是指因为固定财务费用的存在而导致每股收益变动率大于息税前利润变动率，其中固定财务费用包括利息和优先股股利。

【例题 5 · 单项选择题】 某企业某年的财务杠杆系数为 2.5，息税前利润(EBIT)的计划增长率为 10%，假定其他因素不变，则该年普通股每股收益(EPS)的增长率为(　　)。

A. 4%　　B. 5%　　C. 20%　　D. 25%

【答案】 D

【解析】 根据财务杠杆系数定义公式可知：财务杠杆系数=每股收益增长率/息税前利润增长率=每股收益增长率/10%=2.5，所以每股收益增长率=25%。

三、每股收益分析法

每股收益分析法是利用每股收益无差别点进行资本结构决策的方法。所谓每股收益无差别点，是指两种或两种以上筹资方案下普通股每股收益相等时的息税前利润点。

$$\frac{(\overline{EBIT}-I_1)(1-T)-PD_1}{N_1}=\frac{(\overline{EBIT}-I_2)(1-T)-PD_2}{N_2}$$

式中，$\overline{EBIT}$代表每股收益无差别点；I_1、I_2 代表各筹资方案的利息费用；PD_1、PD_2 代表各筹资方案的优先股股利额；N_1、N_2 代表各筹资方案的普通股股数。

当预计息税前利润大于每股收益无差别点时，应当选择债务性筹资方案；反之应选择权益性筹资方案。

【例题 6·计算分析题】 某公司原有资本 700 万元，其中债务资本 200 万元(每年需负担利息 24 万元)，普通股股本 500 万元(发行普通股 10 万股，每股面值 50 元)。现因扩大业务需要追加筹资 300 万元，有两个筹资方案：方案一是全部发行普通股(增发 6 万股，每股面值 50 元)；方案二是全部筹措长期债务(债务利率仍为 12%)。预计公司可实现的息税前利润为 150 万元，所得税税率为 30%。要求：利用每股收益分析法进行筹资决策判断。

【答案】

$$\frac{(\overline{EBIT}-24)(1-30\%)}{10+6}=\frac{(\overline{EBIT}-24-36)(1-30\%)}{10}$$

解得：$\overline{EBIT}=120$(万元)

因公司预计可实现的息税前利润为 150 万元，大于每股收益无差别点，因此应选择方案二，全部筹措长期债务。

思考与练习

一、单项选择题

1. 如果企业一定期间内的固定生产成本和固定财务费用均不为零，则由上述因素共同作用而导致的杠杆效应属于(　　)。

A. 经营杠杆效应　　B. 财务杠杆效应
C. 联合杠杆效应　　D. 风险杠杆效应

2. 下列各项中，运用普通股每股收益无差别点确定最佳资本结构时，需计算的指标是(　　)。

A. 息税前利润　　B. 营业利润　　C. 净利润　　D. 利润总额

3. 假定某企业的股权资本与债务资本的比例为 60∶40，据此可判断该企业(　　)。

A. 只存在经营风险　　B. 经营风险大于财务风险
C. 经营风险小于财务风险　　D. 同时存在经营风险和财务风险

4. B 公司拟发行优先股 40 万股，发行总价 200 万元，预计年股利率 5%，发行费用 10 万元。B 公司优先股的资本成本为(　　)。

A. 4.31%　　B. 5.26%　　C. 5.63%　　D. 6.23%

5. 在个别资本成本的计算中，不必考虑筹资费用影响因素的是(　　)。

A. 长期借款成本　　B. 债券成本　　C. 留存收益成本　　D. 普通股成本

6. 一般来说，在企业的各种资金来源中，资本成本最高的是(　　)。

A. 优先股　　B. 普通股　　C. 债券　　D. 长期借款

7. 债券成本一般要低于普通股成本，这主要是因为(　　)。

A. 债券的发行量小　　B. 债券的利息固定
C. 债券风险较小，其利息具有抵税作用　　D. 债券的筹资费用少

8. 某股票当前的市场价格为 20 元/股，去年每股股利 1 元，预计股利增长率为 4%，则其资本成本为(　　)。

A. 4%　　B. 5%　　C. 9.2%　　D. 9%

9. 如果企业的股东或经理人员不愿承担风险，则股东或管理人员可能尽量采用的增资方式是（　　）。

A. 发行债券　　B. 融资租赁　　C. 发行股票　　D. 长期借款

10. 每股收益无差别点是指使不同资本结构的每股收益相等时的（　　）。

A. 销售收入　　B. 变动成本　　C. 固定成本　　D. 息税前利润

11. 利用每股收益无差别点进行企业资本结构决策时，当预计息税前利润高于无差别点时，采用（　　）筹资更有利。

A. 留存收益　　B. 权益　　C. 债务　　D. 内部

12. 经营杠杆产生的原因是企业存在（　　）。

A. 固定生产成本　　B. 销售费用　　C. 财务费用　　D. 管理费用

13. 与经营杠杆系数同方向变化的是（　　）。

A. 产品价格　　B. 单位变动成本

C. 销售量　　D. 企业的利息费用

14. 资本成本包括筹资费用和用资费用，下列费用不属于筹资费用的是（　　）。

A. 向银行支付的借款手续费　　B. 股票的发行费用

C. 向股东支付的股利　　D. 向证券经纪商支付的佣金

15. 公司向银行取得借款 100 万元，年利率 5%，期限 3 年。每年付息一次，到期还本，所得税税率为 30%，手续费忽略不计，则该项借款的资本成本为（　　）。

A. 3.5%　　B. 5%　　C. 4.5%　　D. 3%

二、多项选择题

1. 下列各项费用中，（　　）属于筹资费用。

A. 向股东支付的股利　　B. 借款手续费

C. 股票、债券的发行费　　D. 支付的借款利息

2. 在下列个别资本成本中，（　　）属于权益资本成本。

A. 普通股成本　　B. 优先股成本

C. 留存收益成本　　D. 银行借款成本

3. 影响债券资本成本的因素包括（　　）。

A. 债券的票面利率　　B. 债券的发行价格

C. 筹资费用的比例　　D. 公司的所得税税率

4. 关于普通股资本成本的计算，下列说法中，正确的有（　　）。

A. 股票的 β 系数越大，其资本成本越高

B. 无风险利率不影响普通股资本成本

C. 普通股的资本成本就是投资者进行投资的必要报酬率

D. 预计股利年增长率越大，普通股成本越高

5. 资本成本是公司为筹集和使用资本而付出的代价。下列属于资金占用费的有（　　）。

A. 股票的股利　　B. 债券的利息　　C. 发行费用　　D. 广告费用

三、判断题

1. 资本成本是指筹资费用，即为筹集资金付出的代价。（　）

2. 公司向股东支付的股利属于资金筹集费用。（　）

3. 长期借款由于借款期限长、风险大，因此其资本成本相对较高。（　）

4. 资本成本包括用资费用和筹资费用两部分，一般使用相对数表示，即表示为筹资费用和用资费用之和与筹资额的比率。（　）

5. 在所有的资金来源中，一般来说，普通股的资本成本最高。（　）

6. 留存收益是公司利润形成的，所以，留存收益没有资本成本。（　）

7. 普通股具有双重性质，它既属于自有资金又兼有债券性质。（　）

8. 资本成本的本质就是公司为了筹集和使用资金而实际付出的代价，包括筹资费用和用资费用两部分。（　）

9. 一般而言，一个投资项目，只有当其投资报酬率高于其资本成本时，在经济上才是合理的；否则，该项目将无利可图，甚至会发生亏损。（　）

10. 根据企业所得税法的规定，企业债务的利息不允许从税前利润中扣除。（　）

11. 根据企业所得税法的规定，公司以税后利润向股东分派股利，故股权资本成本没有抵税利益。（　）

12. 一般而言，从投资者的角度，股票投资的风险高于债券，因此，股票投资的必要报酬率可以在债券利率的基础上再加上股票投资高于债券投资的风险报酬率。（　）

13. 当资本结构不变时，个别资本成本越低，则综合资本成本越高；反之，个别资本成本越高，则综合资本成本越低。（　）

14. 在企业一定的营业规模内，变动成本随营业总额的增加而增加，固定成本也是因营业总额的增加而增加，而不是保持固定不变。（　）

15. 在一定的产销规模内，固定成本总额相对保持不变。如果产销规模超出了一定的限度，固定成本总额也会发生一定的变动。（　）

四、计算分析题

1. 光明公司拟发行一批普通股股票，发行价格 20 元，每股发行费用 2 元。刚刚分派的现金股利每股 1.8 元，预计以后每年股利增长率为 2%。

要求：根据上述资料，计算其资本成本。

2. 盛大公司普通股目前的股价为 10 元/股，筹资费用率为 5%，预计第一年每股分派现金股利为 2 元，股利年增长率 1.5%。

要求：根据上述资料，计算该公司普通股及留存收益的资本成本。

3. 大海公司欲从银行借款 1 000 万元，手续费率 0.05%，年利率为 4.2%，期限 6 年，每年付息一次，到期一次还本，公司所得税税率为 25%。

要求：根据上述资料，计算该笔银行借款的资本成本。

4. 飞龙公司初创时拟筹资 1 200 万元，其中：向银行借款 200 万元，利率 10%，期限 5

年，手续费率 0.2%；发行 5 年期债券 400 万元，利率 12%，发行费用 10 万元；发行普通股 600 万元，筹资费率 4%，预计下一年股利率 12%，以后每年增长 5%。假定公司适用所得税率为 30%。

要求：计算该公司的加权平均资本成本。

5. 某企业只生产和销售 A 产品，其总成本习性模型为 $y=10\ 000+3x$。假定该企业 2006 年度 A 产品销售量为 10 000 件，每件售价为 5 元，按市场预测 2007 年 A 产品的销售数量将增长 10%。

要求：

(1) 计算 2006 年该企业的边际贡献总额。

(2) 计算 2006 年该企业的息税前利润。

(3) 计算 2007 年的经营杠杆系数。

(4) 计算 2007 年的息税前利润增长率。

(5) 假定企业 2006 年发生负债利息 5 000 元，2007 年保持不变。

要求：计算 2007 年的总杠杆系数。

6. 某公司原有资本 700 万元，其中债务资本 200 万元（每年负担利息 20 万元），普通股资本 500 万元（发行普通股 20 万股，每股面值 25 元）。由于扩大业务，需追加筹资 300 万元，假设没有筹资费用。其筹资方式有两个：

方案一：全部按面值发行普通股：增发 10 万股，每股发行价 30 元。

方案二：全部增加长期借款：借款利率仍为 10%，利息 30 万元。

公司预计可实现息税前利润 100 万元，所得税税率为 25%。

要求：使用每股收益分析法计算确定公司应当采用哪种筹资方式。

第九章　流动资产管理

本章基本内容框架

- 流动资产概述
  - 流动资产的含义
  - 流动资产的特点
  - 流动资产的管理要求
- 现金管理
  - 现金的持有动机
  - 与现金相关的成本
  - 现金控制
  - 最佳现金持有量的确定
    - 成本分析模式
    - 存货模式
    - 现金周转模式
  - 现金日常管理
- 应收账款管理
  - 应收账款的成本
  - 信用政策
  - 应收账款的日常管理
- 存货管理
  - 存货的功能和成本
  - 经济订货批量
  - 订货提前期和保险储备
  - ABC 控制法

重点、难点讲解及典型例题

一、现金管理

1. 现金的持有动机

经济学家凯恩斯认为，企业持有现金有三个动机，即交易动机、预防动机和投机动机。交易动机是指企业持有现金以便满足日常经营业务的开支，如购买材料、支付工资、支付水电费、交纳税款、发放现金股利等。预防动机是指企业为了应付意外紧急事件而持有现金。投机动机是指企业持有现金是用于满足不寻常的购买机会的需要。例如，可能发生低价购买，预期有价证券价格上升，市场出现有利的汇率波动等机会，这时企业可以利用手中持有的现金进行投机交易，从中获得收益。

【例题 1 · 单项选择题】 企业置存现金的原因，主要是为了满足(　　)。

A. 交易性、预防性、收益性需要　　B. 交易性、投机性、收益性需要

C. 交易性、预防性、投机性需要　　D. 预防性、收益性、投机性需要

【答案】 C

【解析】 企业置存现金的动机主要有三个：交易性、预防性、投机性需要。现金属于流动性最强，盈利性最差的资产，所以，企业置存现金的原因不可能是出于收益性需要。

2. 与现金相关的成市(见表 9-1)

表 9-1　　与现金相关的成本

分类	含义	影响因素
持有成本	企业因保留一定的现金余额而增加的管理费用以及丧失的再投资受益。 (1) 管理费用：管理成本是企业持有现金所发生的管理费用； (2) 机会成本：现金作为企业的一项资金占用所付出的代价	管理成本与现金持有量关系不大； 机会成本与现金持有量成正比
转换成本	企业用现金与有价证券相互转换的成本	转换成本并不全是固定成本，装换成本与现金持有量成反比关系
短缺成本	现金持有量不足而又无法通过有价证券变现加以补充而给企业造成的损失	短缺成本与持有量成反比例关系

【例题 2 · 多项选择题】 下列说法正确的有(　　)。

A. 订货的变动成本与订货量有关，而与订货次数无关

B. 储存的变动成本与存货的数量有关，例如：存货资金的应计利息

C. 采购人员的差旅费属于固定订货成本

D. 订货成本加上购置成本等于存货的取得成本

【答案】 BD

【解析】 订货的变动成本与订货次数有关，与订货量无关。选项 C 属于订货的变动成本。

【例题 3 · 多项选择题】 缺货成本中包括(　　)。

A. 材料供应中断造成的停工损失

B. 产成品库存缺货造成的拖欠发货损失

C. 主观估计的商誉损失

D. 紧急额外购入成本

【答案】 ABCD

【解析】 缺货成本是指由于存货供应中断而造成的损失，包括材料供应中断造成的停工损失、产成品库存缺货造成的拖欠发货损失和丧失销售机会的损失(还应包括主观估计的

商誉损失);如果生产企业以紧急采购代用材料解决库存材料中断之急,那么缺货成本表现为紧急额外购入成本(紧急额外购入的开支会大于正常采购的开支)。

3. 最佳现金持有量的确定

成本分析模式是根据现金有关成本,分析预测其总成本最低时现金持有量的一种方法。成本分析模式只考虑持有一定量的现金而产生的机会成本及短缺成本,而不考虑管理费用与转换成本。最佳货币持有量是总成本最低时的货币持有量。

在存货模式中,只对机会成本和固定性转换成本予以考虑。能够使现金管理的机会成本与固定性转换成本之和保持最低的现金持有量,即为最佳现金持有量。

现金周转模式是根据现金周转速度来确定企业最佳现金持有量的一种方法。当企业一定时期的现金需求总量一定的情况下,现金平均余额的大小将取决于现金本身的周转期的长短,周转期越长,现金持有量越大;周转期越短,现金持有量越小。

【例题4·多项选择题】 关于三种确定最佳现金持有量方法中,下列说法正确的有(　　)。

A. 在成本分析模式中,最佳现金持有量指的是机会成本、管理成本和短缺成本之和最小的现金持有量

B. 在存货模式中,最佳现金持有量指的是机会成本和交易成本之和最小的现金持有量

C. 存货模式的一个缺点是假定现金的流出量稳定不变

D. 随机模式建立在企业的现金未来需求总量和收支不可预测的前提下

【答案】 ABCD

【解析】 在存货模式中,不考虑管理成本。

二、应收账款管理

1. 信用期限

信用期限是企业要求客户付款的最长期限,只要客户在此期限内能够付清账款,便认为该客户没有违约。信用期限越长,表明客户享受的信用条件越加优越。因为客户在较长的时间内可以无偿地占用企业的应收账款,既节约了客户的融资成本,又可能获得一定的投资收益,因此,对客户具有较大的吸引力。但对企业而言,延长信用期限,尽管有利于销售收入的扩大,但同时也意味着企业应收账款投资及相应的机会成本、管理成本的增加,并且还可能加剧企业的坏账风险。

【例题5·单项选择题】 对信用期间叙述不正确的是(　　)。

A. 延长信用期会使销售额增加,产生有利影响

B. 延长信用期会增加应收账款

C. 延长信用期一定会导致利润增加

D. 延长信用期会增加坏账损失和收账费用

【答案】 C

【解析】 延长信用期会使销售额增加,产生有利影响;与此同时,应收账款、收账费用和坏账损失增加,会产生不利影响。因此,延长信用期不一定会导致利润增加。

【例题6·多项选择题】 对信用期限的叙述不正确的有(　　)。

A. 信用期限越长，企业坏账风险越小

B. 延长信用期限，有利于销售收入的增加

C. 延长信用期限，不利于销售收入的增加

D. 信用期限越长，应收账款的机会成本越低

【答案】 ACD

【解析】 信用期间是企业允许顾客从购货到付款之间的时间，或者说是企业给予顾客的付款期间。延长信用期对销售额增加会产生有利影响，但与此同时应收账款、收账费用和坏账损失也会增加。

2. 客户资信评价

客户资信程度的高低通常决定于五个方面，即客户的信用品质(Character)、偿付能力(Capacity)、资本(Capital)、抵押品(Collateral)、经济状况(Conditions)，简称为“5C”系统。

(1) 信用品质。信用品质代表客户履约或赖账的可能性，是决定是否给予客户信用的首要因素。

(2) 偿付能力。客户偿付能力的高低，取决于资产，特别是流动资产的数量、质量(变现能力)及其与流动负债的结构关系。

(3) 资本。资本反映了客户的经济实力与财务状况的优劣，是客户偿付债务的最终保证。

(4) 抵押品。抵押品是客户提供的可以作为资信安全保证的资产。

(5) 经济状况。经济状况是指不利经济环境对客户偿付能力的影响及客户是否具有较强的应变能力。

【例题 7 · 多项选择题】 所谓“5C”系统，是评估资信程度的五个方面，即信用品质、偿付能力、资本、抵押品和经济状况，下列说法正确的是( )。

A. 资信能力是指顾客的财务实力和财务状况，表明顾客可能偿还债务的背景

B. 抵押品是指顾客拒付款项或无力支付款项时能被用作抵押的资产

C. 经济状况是指可能影响顾客付款能力的经济环境

D. 资本是指顾客流动资产的数量和质量以及与流动负债的比例

E. 信用品质是指顾客的信誉，即履行偿债义务的可能性

【答案】 BCE

【解析】 资本是指顾客的财务实力和财务状况，表明顾客可能偿还债务的背景；偿付能力是指顾客的偿债能力，即其流动资产的数量和质量以及与流动负债的比例。

三、存货管理

1. 存货成本

存货成本主要有进货成本、储存成本、缺货成本。进货成本主要由存货的进价成本、进货费用及采购税金构成。存货的储存成本是指企业为持有存货而发生的费用，主要包括存货资金占用费(以贷款购买存货的利息成本)或机会成本(以现金购买存货而丧失的证券投资收益等)、仓储费用、保险费用、存货残损霉变损失等。缺货成本是因为存货不足而给企业造成的停产损失、延误发货的信誉损失及丧失销售机会的损失等。

【例题 8 · 多项选择题】 下列说法中，正确的有（　　）。

A. 订货的变动成本与订货量有关，而与订货次数无关

B. 储存的变动成本与存货的数量有关，如存货资金的应计利息

C. 采购人员的差旅费属于固定订货成本

D. 订货成本加上购置成本等于存货的取得成本

【答案】 BD

【解析】 订货的变动成本与订货次数有关，与订货量无关。选项 C 属于订货的变动成本。

【例题 9 · 多项选择题】 缺货成本中包括（　　）。

A. 材料供应中断造成的停工损失

B. 产成品库存缺货造成的拖欠发货损失

C. 主观估计的商誉损失

D. 紧急额外购入成本

【答案】 ABCD

【解析】 缺货成本是指由于存货供应中断而造成的损失，包括材料供应中断造成的停工损失、产成品库存缺货造成的拖欠发货损失和丧失销售机会的损失（还应包括主观估计的商誉损失）；如果生产企业以紧急采购代用材料解决库存材料中断之急，那么缺货成本表现为紧急额外购入成本（紧急额外购入的开支会大于正常采购的开支）。

2. 经济订货批量

经济订货批量是指能够使一定时期的总成本达到最低点的进货数量。决定存货经济批量的成本因素主要包括固定性进货费用（简称进货费用）、变动性储存储存成本（简称储存成本）及允许缺货时的缺货成本。不同的成本项目与进货批量呈现着不同的变动关系。减少进货批量，增加进货次数，在使储存成本降低的同时，却会导致进货费用与缺货成本的提高；相反，增加进货批量，减少进货次数，尽管有利于降低进货费用与缺货成本，但同时却会使储存成本的提高。

$$Q=\sqrt{\frac{2AF}{C}}$$

$$Tc=\sqrt{2AFC}$$

$$N=\frac{A}{Q}=\sqrt{\frac{AC}{2F}}$$

式中，Q 代表经济订货批量；A 代表存货年需要量；F 代表单位订货成本；C 代表单位储存成本；Tc 代表最低相关总成本；N 代表最佳订货次数。

【例题 10 · 多项选择题】 在存货经济订货基本模型中，导致经济订货量增加的因素有（　　）。

A. 存货年需要量增加

B. 每次订货的变动成本增加

C. 单位存货变动储存成本增加

D. 缺货的可能性增加

【答案】 AB

【解析】 在存货经济订货基本模型中，不允许缺货，因此，D 不是答案；经济订货批量 = $\sqrt{\frac{2\times \text{存货年需要量}\times \text{单位订货成本}}{\text{单位存货储存成本}}}$，由此可知，A、B 是答案，C 不是答案。

3. 订货提前期

一般情况下，企业不能等存货用光再去订货，而要在没有用完时提前订货。在提前订货的情况下，企业再次发出订货单时，尚有存货的库存量，称为再订货点，用 R 来表示。订货提前期对经济订货量无影响。

【例题 11・多项选择题】 下列各项中，与经济批量有关的因素有（　　）。

A. 每日消耗量　　B. 每日供应量　　C. 储存变动成本　　D. 订货提前期

【答案】 ABC

【解析】 订货提前期对每次订货批量、订货次数、订货时间间隔不产生影响。由此可知，D 不是答案；根据经济订货量的计算公式可知，A、B、C 是答案，其中，在存货陆续供应和使用的情况下，计算经济订货量时涉及 A、B。

思考与练习

一、单项选择题

1. 基本经济进货批量模式所依据的假设不包括（　　）。

A. 一定时期的进货总量可以准确预测

B. 存货进价稳定

C. 企业能够及时补充存货

D. 允许缺货

2. 企业在进行现金管理时，可利用的现金浮游量是指（　　）。

A. 企业账户所记存款余额

B. 银行账户所记企业存款余额

C. 企业账户与银行账户所记存款余额之差

D. 企业实际现金余额超过最佳现金持有量之差

3. 在确定应收账款信用期的过程中，需要运用的计算公式有（　　）。

A. 应收账款应计利息＝应收账款占用资金×销售成本率

B. 收益的增加＝销售量增加×边际贡献率

C. 应收账款占用资金＝应收账款平均余额×资本成本率

D. 应收账款平均余额＝日销售额×平均收现期

4. 在存货的管理中与建立保险储备量无关的因素是（　　）。

A. 缺货成本　　B. 平均库存量　　C. 交货期　　D. 存货需求量

5. 公司持有有价证券的年利率为 6%，公司的现金最低持有量 2 500 元，现金余额的最优返回线为 9 000 元，如果公司现有现金 21 200 元，则根据随机模型应将其中的（　　）元投资于证券。

A. 12 200　　B. 0　　C. 8 000　　D. 18 700

6. 下列订货成本中属于变动性成本的是(　　)。

A. 采购部门管理费用　　B. 采购人员的计时工资

C. 订货业务费　　D. 预付订金的机会成本

7. 某企业现金收支状况比较稳定，全年的现金需要量为200 000元，每次转换有价证券的交易成本为400元，有价证券的年利率为10%。达到最佳现金持有量的全年交易成本是(　　)元。

A. 1 000　　B. 2 000　　C. 3 000　　D. 4 000

8. 在其他因素不变的情况下，企业采用积极的收账政策，可能导致的后果是(　　)。

A. 坏账损失增加　　B. 应收账款投资增加

C. 收账费用增加　　D. 平均收账期延长

9. 在供货企业不提供数量折扣的情况下，影响经济订货量的因素是(　　)。

A. 采购成本

B. 储存成本中的固定成本

C. 订货成本中的固定成本

D. 订货成本中的变动成本

10. 下列各项中，不属于信用条件构成要素的是(　　)。

A. 信用期限　　B. 现金折扣(率)　　C. 现金折扣期　　D. 商业折扣

二、多项选择题

1. 下列有关信用期限的表述中，正确的有(　　)。

A. 缩短信用期限可能增加当期现金流量

B. 延长信用期限会扩大销售

C. 降低信用标准意味着将延长信用期限

D. 延长信用期限将增加应收账款的机会成本

2. 在确定经济订货量时，下列表述中，正确的有(　　)。

A. 随每次进货批量的变动，变动性订货成本和变动性储存成本呈反方向变化

B. 变动性储存成本的高低与每次进货批量成正比

C. 变动性订货成本的高低与每次进货批量成反比

D. 年变动储存成本与年变动订货成本相等时的采购批量，即为经济订货量

3. 确定建立保险储备量时的再订货点，需要考虑的因素有(　　)。

A. 交货时间　　B. 平均日需求量

C. 保险储备量　　D. 平均日库存量

4. 下列(　　)属于存货的储存变动成本。

A. 存货占用资金的应计利息　　B. 紧急额外购入成本

C. 存货的破损变质损失　　D. 存货的保险费用

5. 缺货成本指由于不能及时满足生产经营需要而给企业带来的损失，它们包括(　　)。

A. 商誉(信誉)损失　　B. 延期交货的罚金

C. 采取临时措施增加的费用　　D. 停工待料损失

三、判断题

1. 订货成本的高低取决于订货的数量与质量。（　）

2. 企业往往需要根据顾客赖账可能性的评估来设定顾客的信用标准。（　）

3. 预防性需要是指置存现金以防发生意外的支付，它与企业现金流量的确定性及企业间的借款能力有关。（　）

4. 企业在不影响自己信誉的前提下，尽可能地推迟应付款的支付期，是企业日常现金管理策略之一。（　）

5. 保险储备的建立是为了防止需求增大而发生缺货或供货中断。（　）

6. 因为现金的管理成本是相对固定的，所以在确定现金最佳持有量时，可以不考虑其影响。（　）

7. 企业的信用标准严格，给予客户的信用期很短，使得应收账款周转率很高，将有利于增加企业的利润。（　）

8. 一般说来，在企业生产和销售计划已经确定的情况下，存货量大小取决于采购量。（　）

9. 订货提前期对存货的每次订货数量、订货次数、订货间隔时间无影响。（　）

10. 企业现金持有量过多会降低企业的收益水平。（　）

四、计算分析题

1. 已知：某公司现金收支平衡，预计全年(按360天计算)现金需要量为250 000元，现金与有价证券的交易成本为每次500元，有价证券年利率为10%。

要求：

(1) 计算最佳现金持有量。

(2) 计算最佳现金持有量下的全年现金管理总成本、全年现金交易成本和全年现金持有机会成本。

(3) 计算最佳现金持有量下的全年有价证券交易次数和有价证券交易间隔期。

2. 某企业2001年A产品销售收入为4 000万元，总成本为3 000万元，其中固定成本为600万元。

2002年该企业有两种信用政策可供选用：

(1) 甲方案给予客户45天信用期限(n/45)，预计销售收入为5 000万元，货款将于第45天收到，期其收账费用为20万元，坏账损失率为货款的20%。

(2) 乙方案的信用政策为(2/10，1/20，n/90)，预计销售收入为5 400万元，将有30%的货款于第10天收到，20%的货款于第20天收到，其余50%的货款于第90天收到(前两部分货款不会产生坏账，后一部分货款的坏账损失率为该部分货款的4%)，收账费用60万元。该企业A产品销售额的相关范围为3 000万～6 000万元，企业的资本成本率为8%(为简化计算，本题不考虑增值税因素)。

要求：为该企业作出采取何种信用政策的决策，并说明理由。

3. 已知 ABC 公司与库存有关的信息如下：

(1) 年需求数量为 30 000 单位(假设每年 360 天)。

(2) 购买价每单位 100 元。

(3) 库存储存成本是商品买价的 30%。

(4) 订货成本每次 60 元。

(5) 公司希望的安全储备量为 750 单位。

(6) 订货至到货的时间为 15 天。

要求：

(1) 最优经济订货量为多少？

(2) 存货水平为多少时应补充订货？

第十章　流动负债管理

本章基本内容框架

- 短期融资政策
  - 配合型融资政策
  - 稳健型融资政策
  - 激进型融资政策
- 商业信用
  - 商业信用的相关概念
  - 商业信用的成本
  - 商业信用的类别
  - 商业信用筹资的优缺点
- 短期银行借款
  - 短期银行借款的信用条件
  - 短期银行借款的成本
  - 对贷款银行的选择
  - 短期银行借款的优缺点
- 短期融资券
  - 短期融资券概述
  - 短期融资券的成本与评级
  - 短期融资券的优缺点

重点、难点讲解及典型例题

一、短期融资政策(见表 10-1)

表 10-1　　短期融资政策

政策类型	特　　点	收益	风险
配合型融资政策	临时性流动资产＝临时性流动负债 永久性流动资产＋固定资产＝自发性流动负债＋长期负债＋权益资本	适中	适中
激进型融资政策	临时性流动资产＋部分永久性流动资产＝临时性流动负债 永久性流动资产－靠临时性流动负债筹得的部分＋固定资产＝自发性流动负债＋长期负债＋权益资本	高	高
稳健型融资政策	部分临时性流动资产＝临时性流动负债 永久性流动资产＋靠临时性流动负债未筹足的临时性流动资产＋固定资产＝自发性流动负债＋长期负债＋权益资本	低	低

【例题 1 · 单项选择题】 某企业固定资产为 800 万元，永久性流动资产为 200 万元，临时性流动资产为 200 万元。已知长期负债、自发性负债和权益资本可提供的资金为 900 万元，则该企业采取的是（　　）。

A. 配合型融资政策　　B. 稳健型融资政策

C. 激进型融资政策　　D. 折中型融资政策

【答案】 C

【解析】 短期融资政策包括配合型、稳健型和保守型三种。在激进型融资政策下，临时性负债大于临时性流动资产，它不仅解决临时性流动资产的资金需求，还解决部分永久性资产的资金需求，本题永久性资产＝800＋200＝1 000（万元），长期来源 900 万元，说明有 100 万元永久性资产和临时性流动资产 200 万元由短期来源解决。因此选择 C。

【例题 2 · 多项选择题】 关于稳健型融资政策表述中，正确的有（　　）。

A. 收益与风险较低　　B. 资本成本较低

C. 长期资金小于永久性资产　　D. 长期资金支持非流动资产

【答案】 AD

【解析】 在保守融资策略中，长期融资支持非流动资产、永久性流动资产和部分波动性流动资产。企业通常以长期融资来源为波动性流动资产的平均水平融资，短期融资仅用于融通剩余的波动性流动资产，融资风险较低。这种战略通常最小限度地使用短期融资，但由于长期负债成本高于短期负债成本，就会导致融资成本较高，收益较低。

二、商业信用的成本

1. 信用成本计算

$$放弃现金折扣的信用成本=\frac{折扣率}{1-折扣率}\times\frac{360}{信用期-折扣期}$$

2. 决策规则

放弃现金折扣的信用成本率大于短期借款利率（或短期投资报酬率），应选择享受折扣；

放弃现金折扣的信用成本率小于短期借款利率（短期投资报酬率），应选择放弃折扣。

【例题 3 · 计算分析题】 某企业按“2/10，N/30”的付款条件购入货物 60 万元。如果企业在 10 天以后付款，便放弃了现金折扣 1.2 万元（60 万元×2%），信用额为 58.8 万元（60 万元－1.2 万元）。则放弃现金折扣的信用成本是多少？

【答案】

$$放弃折扣的信用成本率=\frac{折扣\%}{1-折扣\%}\times\frac{360天}{付款期(信用期)-折扣期}$$

$$=\frac{2\%}{1-2\%}\times\frac{360}{30-10}=36.73\%$$

【例题 4 · 计算分析题】 公司采购一批材料，供应商报价为 10 000 万元，付款条件为：3/10、2.5/30、1.8/50、n/90。目前企业用于支付账款的资金需要在 90 天时才能周转回来，在 90 天内付款，只能通过银行借款解决。如果银行利率为 12%，确定公司材料采购款的付款时间和价格。

要求：

(1) 计算放弃折扣信用成本率，判断应否享受折扣。

(2) 确定公司材料采购款的付款时间和价格

【答案】 (1) ① 放弃第 10 天付款折扣的信用成本率为：

$$放弃折扣的信用成本率=\frac{折扣率}{1-折扣率}\times\frac{360}{信用期-折扣期}$$

$$=\frac{3\%}{1-3\%}\times\frac{360}{90-10}=13.92\%$$

② 放弃第 30 天付款折扣的信用成本率为：

$$放弃折扣的信用成本率=\frac{折扣率}{1-折扣率}\times\frac{360}{信用期-折扣期}$$

$$=\frac{2.5\%}{1-2.5\%}\times\frac{360}{90-30}=15.38\%$$

③ 放弃第 50 天付款折扣的信用成本率为：

$$放弃折扣的信用成本率=\frac{折扣率}{1-折扣率}\times\frac{360}{信用期-折扣期}$$

$$=\frac{1.8\%}{1-1.8\%}\times\frac{360}{90-50}=16.5\%$$

初步结论：由于各种方案放弃折扣的信用成本率均高于借款利息率，因此要取得现金折扣，借入银行借款以偿还货款。

(2) 选择付款方案(见表 10-2)

表 10-2　　选择付款方案

方案	10 天付款方案	30 天付款方案	50 天付款方案
折扣收益	300	250	180
提前支付货款需支付的借款利息	9 700×(12%/360)×80=258.67	9 750×(12%/360)×60=195	9 820×(12%/360)×40=130.93
净收益	300 − 258.67 = 41.33 元	250−195=55 元	180−130.93=49.07 元

总结论：第 30 天付款是最佳方案，其净收益最大。

思考与练习

一、单项选择题

1. 当公司采用宽松的短期资产持有政策时，采用(　　)短期筹资政策，可以在一定程度上平衡公司持有过多短期资产带来的低风险、低收益。

A. 配合型　　B. 激进型　　C. 稳健型　　D. 任意一种

2. 一般来说，如果公司对营运资金的使用能够达到游刃有余的程度，则最有利的短期筹资政策是(　　)。

A. 配合型　　B. 激进型　　C. 稳健型　　D. 自发型

3. 以下等式符合稳健型短期筹资政策的是(　　)。

A. 临时性短期资产＝临时性短期负债

B. 临时性短期资产＋部分永久性短期资产＝临时性短期负债

C. 部分临时性短期资产＝临时性短期负债

D. 临时性短期资产＋固定资产＝临时性短期负债

4. 下列关于商业信用的说法错误的是(　　)。

A. 商业信用产生于银行信用之后

B. 利用商业信用筹资，主要有赊购商品和预收货款等两种形式

C. 企业利用商业信用筹资的限制条件较少

D. 商业信用属于一种自然性融资，不用作非常正式的安排

5. 如果某企业的信用条件是“2/10，n/30”，则丧失该现金折扣的资金成本为(　　)。

A. 36%　　B. 18%　　C. 35.29%　　D. 36.73%

6. 抵押借款中的抵押物一般是指借款人或第三人的(　　)。

A. 动产　　B. 不动产　　C. 权利　　D. 财产

7. 质押借款中的质押物一般是指借款人或第三人的(　　)或权利。

A. 动产　　B. 不动产　　C. 权利　　D. 财产

8. 借款数额、借款方式和还款期限应规定在借款合同的(　　)中。

A. 保证条款　　B. 违约条款

C. 其他附属条款　　D. 基本条款

9. 下列关于银行短期借款的说法错误的是(　　)。

A. 银行资金充足，实力雄厚，能随时为企业提供比较多的短期贷款

B. 银行短期借款的限制条件比较多，会构成对企业的限制

C. 银行短期借款的弹性较差，借款期限太短

D. 银行短期借款的资金成本比较高

10. 下列关于短期融资券的说法错误的是(　　)。

A. 短期融资券筹资数额比较大，适合于需要巨额资金的企业

B. 短期融资券筹资的成本比较低

C. 发行短期融资券的条件比较严格

D. 短期融资券筹资的弹性比较大，但一般不能提前偿还

二、多项选择题

1. 风险与收益都得到中和的短期筹资政策与短期资产政策的配合方式有(　　)。

A. 紧缩的持有政策与稳健型筹资政策

B. 宽松的持有政策与稳健型筹资政策

C. 宽松的持有政策与激进型筹资政策
D. 紧缩的持有政策与激进型筹资政策
E. 紧缩的持有政策与配合型筹资政策

2. 下列关于商业信用的叙述中，正确的有(   )。
A. 商业信用有赊购商品和预收货款两种形式
B. 商业信用与商品买卖同时进行，属自然性融资
C. 无论企业是否放弃现金折扣，商业信用的资金成本都较低
D. 商业信用是企业之间的一种间接信用关系
E. 信用条件"1/10，n/30"，表明企业如在10天内付款，则可享受到10%的现金折扣

3. 关于商业信用筹资的优缺点，下列说法中，正确的有(   )。
A. 商业信用筹资使用方便
B. 商业信用筹资限制少且具有弹性
C. 如果没有现金折扣，或公司不放弃现金折扣，则利用商业信用筹资没有实际成本
D. 商业信用可以占用资金的时间一般较长

4. 关于短期借款的优缺点，下列说法中，正确的有(   )。
A. 银行短期借款具有较好的弹性，可以根据需要增加或减少借款
B. 短期借款的资金成本较高
C. 向银行借款的限制较少
D. 与商业信用筹资相比，短期借款的资金成本较低
E. 当企业需要资金时，随时都能得到银行的短期借款

5. 按发行方式，可将短期融资券分为(   )。
A. 国内融资券
B. 经纪人代销融资券
C. 国际融资券
D. 直接销售融资券

三、判断题

1. 商业信用是指商品交易中的延期付款或延期交货所形成的借贷关系，是企业之间的一种直接信用关系。 (   )

2. 赊购商品和预付货款是商业信用融资的两种典型形式。 (   )

3. 商业信用筹资的优点是使用方便、成本低、限制少，缺点是时间短。 (   )

4. 应付费用所筹集的资金不用支付任何代价，是一项免费的短期资金来源，因此可以无限制地加以利用。 (   )

5. 银行短期借款的优点是具有较好的弹性，缺点是资金成本较高，限制较多。 (   )

6. 由于丧失现金折扣的机会成本较高，所以购买单位应尽量争取获得此项折扣。 (   )

7. 利用商业信用融资的限制较多，而利用银行信用融资的限制较少。 (   )

8. 直接销售的融资券是指发行人直接销售给最终投资者的融资券。 (   )

9. 目前我国短期融资券的利率一般要比银行借款利率高，这是因为短期融资券筹资的成本比较高。 (   )

10. 我国企业短期融资券的发行必须由符合条件的金融机构承销，企业自身不具有销售融资券的资格。　（　　）

四、简答题

1. 简述商业信用融资的优缺点。
2. 简述银行短期借款的优缺点。
3. 什么是信用额度借款和循环协议借款？两者有何区别？
4. 简述利用短期融资券筹资的优缺点。

五、计算分析题

1. 万泉公司最近从宝达公司购进原材料一批，合同规定的信用条件是“2/10，n/40”。如果万泉公司由于流动资金紧张，不准备取得现金折扣，在第 40 天按时付款。

要求：计算这笔资金的资金成本。

2. 某公司向银行借入短期借款 10 万元，支付银行贷款利息的方式同银行协商后有以下四种方案可供选择：

方案一：采用收款法付息，利息率为 7%；

方案二：采用贴现法付息，利息率为 6%；

方案三：利息率为 5%，银行要求的补偿性余额比例为 10%；

方案四：采用加息法付息，利息率为 4%。

要求：如果你是该公司财务经理，你选择哪种借款方式，并说明理由。

3. 丙公司是一家汽车配件制造企业，近期的售量迅速增加。为满足生产和销售的需求，丙公司需要筹集资金 495 000 元用于增加存货，占用期限为 30 天。现有三个可满足资金需求的筹资方案：

方案 1：利用供应商提供的商业信用，选择放弃现金折扣，信用条件为“2/10，n/40”。

方案 2：向银行贷款，借款期限为 30 天，年利率为 8%。银行要求的补偿性金额为借款额的 20%。

方案 3：以贴现法向银行借款，借款期限为 30 天，月利率为 1%。

要求：

(1) 如果丙公司选择方案 1，计算其放弃现金折扣的机会成本。

(2) 如果丙公司选择方案 2，为获得 495 000 元的实际用款额，计算该公司应借款总额和该笔借款的实际年利率。

(3) 如果丙公司选择方案 3，为获得 495 000 元的实际用款额，计算该公司应借款总额和该笔借款的实际年利率。

(4) 根据以上各方案的计算结果，为丙公司选择最优筹资方案。

第十一章　成本控制管理

本章基本内容框架

- 成本控制概述
  - 成本控制的定义
  - 成本控制的内容
  - 成本控制的基础性工作
  - 成本控制的重要性
- 成本控制的方法
  - 成本控制方法概述
  - 成本控制的主要方法
  - 生产成本控制的方法
- 标准成本制度及其制定
  - 标准成本制度概述
  - 标准成本概述
  - 标准成本的制定
- 作业成本法
  - 作业成本法产生的时代背景
  - 作业成本法的基本概念
  - 作业成本法的基本原理和一般程序
  - 作业成本法的优点、局限性

重点、难点讲解及典型例题

一、标准成本制度概述

1. 标准成市制度的定义

标准成本制度是以根据健全的生产、工程、技术测定等科学方法制定的标准成本为基础，将实际发生的成本与标准成本进行比较，揭示和分析成本差异，并对成本差异进行账务处理的一种成本控制制度。标准成本制度是成本中心业绩评价的基础。

2. 标准成本制度的内容

标准成本制度的主要内容包括标准成本的制定、成本差异计算与分析、成本差异的账务处理三部分。标准成本制度实现了对成本前馈控制、反馈控制及核算功能的有机结合。

【例题 1 · 单项选择题】 在下列各项中，属于标准成本制度的前提和关键的是（ ）。

A. 标准成本的制定　　B. 成本差异的计算

C. 成本差异的分析　　D. 成本差异的账务处理

【答案】 A

【解析】 在标准成本制度的主要内容中，标准成本的制定属于成本的前馈控制，成本差异计算与分析属于成本的反馈控制，成本差异的账务处理则是成本的日常核算功能。

二、标准成本概述

1. 标准成本的制定（见表 11-1）

表 11-1　标准成本的定义

基本概念	标准成本是依据体现企业已经达到的生产技术水平和有效经营管理的各生产流程的操作规范，利用健全的生产、工程、技术测定（包括时间及动作研究、统计分析、工程实验等方法）等科学方法确定的按照成本项目反映的应当发生的单位产品成本目标
两种含义	它有两种含义：一种是“成本标准”，另一种是“标准成本” 成本标准＝单位产品标准成本＝单位产品标准消耗量×标准单价 标准成本总额＝实际产量×单位产品标准成本

2. 标准成本的种类（见表 11-2）

表 11-2　标准成本种类的比较

种类	含义	依据	用途
理想标准成本	以现有技术、设备和经营管理达到最优状态为基础确定的最低水平的成本	理论上的业绩标准；生产要素的理想价格；可能实现的最高生产经营能力利用水平	提供一个完美无缺的目标，揭示实际成本下降的潜力，不宜作为考核的依据
正常标准成本	以正常的技术、设备和经营管理水平为基础，根据下期一般发生的生产要素消耗量、生产要素预计价格和预计的生产经营能力利用程度制定的标准成本	考虑了生产经营活动过程中一般难以避免的损耗和低效率	实际工作中广泛使用正常标准成本
现实标准成本	是在正常标准成本基础上，根据现行期间最可能或应该发生的生产要素价格、生产经营效率和生产经营能力利用程度而制定的标准成本	应该发生的价格、效率和生产经营能力利用程度	可以成为评价实际成本的依据，也可以用来对存货和销货成本计价

【提示】

（1）理想标准成本小于正常标准成本，而正常标准成本又小于现实标准成本。

(2) 现实标准成本是一种经过努力可以达到的既先进又合理,切实可行且接近现实的成本,因此该成本在实际工作中被广为采用。

【例题2·单项选择题】 考虑了生产过程中不可避免的损失、故障和偏差等,属于企业经过努力可以达到的成本标准是(　　)。

A. 理想标准成本　　　　B. 历史标准成本

C. 正常标准成本　　　　D. 预算标准成本

【答案】 C

【解析】 正常标准成本是指在正常情况下,企业经过努力可以达到的成本标准。这一标准考虑了生产过程中不可避免的损失、故障和偏差等。

【例题3·判断题】 理想标准成本是一种理论标准,是指在现有条件下所能达到的最优成本水平的成本标准。(　　)

【答案】 √

【解析】 理想标准成本是一种理论标准,是指在现有条件下所能达到的最优成本水平,即在生产过程无浪费、机器无故障、人员无闲置、产品无废品的假设条件下制定的成本标准。

【例题4·判断题】 正常标准成本通常应大于理想标准成本。(　　)

【答案】 √

【解析】 正常标准成本考虑了生产过程中不可避免的损失、故障和偏差等。通常来说,正常标准成本大于理想标准成本。

三、标准成本的制定

制定标准成本,通常首先确定直接材料和直接人工标准成本;其次制定制造费用标准成本;最后确定单位产品的标准成本。制定时,无论是哪一个成本项目,都需要分别确定其用量标准和价格标准,两者相乘即为每个成本项目的标准成本,各个成本项目的标准成本汇总后得出单位产品的标准成本。如表11-3所示。

某一成本项目标准成本 = 该成本项目的用量标准 × 该成本项目的价格标准

单位产品标准用量 = $\sum$(该成本项目的用量标准 × 某成本项目的价格标准)

= 直接材料标准成本 + 直接人工标准成本 + 制造费用标准成本

表11-3　　成本项目的标准成本

成本项目	用量标准	价格标准
直接材料	单位产品材料用量标准	材料价格标准
直接人工	单位产品工时用量标准 (单位产品耗用的标准工时)	工资率标准 (每小时的工资率)
制造费用	单位产品工时用量标准 (单位产品耗用的标准工时)	制造费用分配率标准 (每小时的制造费用分配率)

【例题5·单项选择题】 某企业甲产品消耗直接材料,其中A材料价格标准为3元/千

克，数量标准为 5 元/件，B 材料价格标准为 4 元/千克，数量标准为 10 元/件，则甲产品消耗直接材料的标准成本为（　　）元。

A. 15　　B. 40　　C. 55　　D. 65

【答案】 C

【解析】 某单位产品耗用的直接材料标准成本 = $\sum$ 该种产品耗用的各种材料标准成本 = $\sum$（某种材料用量标准×某种材料价格标准）= $3\times5+4\times10=55$（元）

【例题 6 · 多项选择题】 人工工时用量标准即直接生产工人生产单位产品所需要的标准工时，主要内容有（　　）。

A. 对产品的直接加工工时　　B. 必要的间歇和停工工时

C. 不可避免的废品耗用工时　　D. 生产中的材料必要消耗

E. 不可避免的废品损失中的消耗

【答案】 ABC

【解析】 产品的加工工序时间一般包括产品加工必不可少的时间、上下工序停留时间、机器设备的清理停工时间、生产工人必要的工间休息时间，不可避免的废品所耗用的时间。

四、作业成本法的基本概念

作业及成本动因的定义和分类如表 11-4 所示。

表 11-4　　作业及成本动因的定义和分类

相关概念	定义	分类
作业	作业是企业为了提供一定数量的产品或劳务所消耗的人力，技术原材料，方法和环境的集合体。	单位作业是使单位产品受益的作业，此类作业将随产品数量而变动，与产品产量成比例变动，如直接材料，直接人工等
		批次作业是使一批产品受益的作业。这些作业的成本与产品的批数成比例变动
		产品作业是使某些产品受益的作业这种作业的成本与产品产量及批数无关，但与产品项目成比例变动
		维持性作业是使某个机构或某个部门受益作业，它与产品的种类和某种产品的多少无关
成本动因	成本动因就是决定成本发生的那些重要的活动或事项。	资源动因，就是资源被各种作业消耗的方式和原因，它反映作业中心对资源的消耗情况，是资源成本分配到作业中心的标准
		作业动因，就是各项作业被最终产品或劳务消耗的方式和原因。它反映产品消耗作业的情况，是作业中心的成本分配到产品中去的标准。

【例题 7 · 多项选择题】 下列有关成本动因表述正确的是（　　）。

A. 资源动因反映作业量与耗费之间的因果关系

B. 资源动因反映产品产量与作业成本之间的因果关系

C. 作业动因反映作业量与耗费之间的因果关系

D. 作业动因反映产品产量与作业成本之间的因果关系

【答案】 AD

【解析】 成本动因分为作业动因和资源动因，资源动因反映作业量与耗费之间的因果关系，作业动因反映产品产量与作业成本之间的因果关系。

【例题8·多项选择题】 作业按其层次分类，可以分为单位作业、批次作业、产品作业和支持作业，下列表述正确的有(　　)。

A. 单位作业是指使单位产品受益的作业

B. 批次作业是指使某一批次产品受益的作业

C. 产品作业是使所有产品都受益的作业

D. 支持作业与产品无关，属于期间费用的作业

【答案】 AB

【解析】 产品作业是指使某种产品的每个单位都受益的作业，支持作业是使所有产品都受益的作业。

【例题9·判断题】 在作业成本法下，成本动因是导致成本发生的诱因，是成本分配的依据。(　　)

【答案】 √

【解析】 成本动因，亦称成本驱动因素，是指导致成本发生的因素，即成本的诱因。成本动因通常以作业活动耗费的资源来进行度量，如质量检查次数、用电度数等。在作业成本法下，成本动因是成本分配的依据。

思考与练习

一、单项选择题

1. 成本控制的目标是(　　)。

A. 为外部信息使用者提供成本信息　　B. 为内部信息使用者提供成本信息

C. 降低成本水平　　D. 扩大经营规模

2. 对于企业来说，成本管理对生产经营的意义不包括(　　)。

A. 降低成本，为企业扩大再生产创造条件

B. 增加企业利润，提高企业经济效益

C. 提高销售收入，实现目标利润

D. 帮助企业取得竞争优势，增强企业的竞争能力和抗压能力

3. 在正常情况下，企业经过努力可以达到的成本标准是(　　)。

A. 理想标准成本　　B. 正常标准成本

C. 现实标准成本　　D. 基本标准成本

4. 作业成本法下间接成本分配的路径是(　　)。

A. 资源—产品　　B. 资源—部门—产品

C. 资源—作业—产品　　D. 作业—产品

5. 下列作业中属于批次作业的是（　　）。

A. 对每件产品进行的检验　　B. 设备调试

C. 厂房维修　　D. 产品工艺设计

6. 在作业成本法下，作业成本的分配基础是（　　）。

A. 成本动因　　B. 资源动因

C. 作业动因　　D. 产品产量

7. 使某种产品的每个单位都受益的作业是（　　）。

A. 单位作业　　B. 批次作业

C. 产品作业　　D. 支持作业

8. 下列各项不属于增值作业的判断标准的是（　　）。

A. 该作业能够使产品价值增值

B. 该作业导致了状态的改变

C. 该状态的变化不能由其他作业来完成

D. 该作业使其他作业得以进行

9. 下列各项中，经常在制定标准成本时被采用的是（　　）。

A. 理想标准成本　　B. 稳定标准成本

C. 现实标准成本　　D. 正常标准成本

10. 与预算成本不同，标准成本是一种（　　）。

A. 总额的概念　　B. 单位成本的概念

C. 历史成本　　D. 实际成本

11. 标准成本制度的重点是（　　）。

A. 标准成本的制定　　B. 成本差异的计算分析

C. 成本差异的账务处理　　D. 成本控制

12. 以资源无浪费、设备无故障、产出无废品、工时都有效的假设前提为依据而制定的标准成本是（　　）。

A. 基本标准成本　　B. 理想标准成本

C. 正常标准成本　　D. 现行标准成本

13. 在经济形势变化无常的情况下，是为适合的标准成本是（　　）。

A. 基本标准成本　　B. 理想标准成本

C. 正常标准成本　　D. 现行标准成本

14. 标准成本控制主要是指对（　　）进行的控制。

A. 产品预算阶段　　B. 产品入库阶段

C. 产品销售阶段　　D. 产品生产阶段

15. 在采用变动成本法计算的企业中，单位产品的标准成本不包括（　　）标准成本。

A. 直接材料　　B. 直接人工

C. 变动制造费用　　D. 固定制造费用

16. 下列各项中，属于“直接人工标准工时”组成内容的是（　　）。

A. 由于设备意外故障产生的停工工时
B. 由于更换产品产生的设备调整工时
C. 由于生产作业计划安排不当产生的停工工时
D. 由于外部供电系统故障产生的停工工时

二、多项选择题

1. 要实现成本的全面控制原则,必须做到(　　)。
A. 全员控制　　B. 全过程控制
C. 全方位控制　　D. 全社会控制
2. 下列各项中,属于标准成本控制构成内容的有(　　)。
A. 标准成本的制定　　B. 成本差异的计算与分析
C. 成本差异的账务处理　　D. 成本差异的分配
3. 人工工时耗用量标准即直接生产工人生产单位产品所需要的标准工时,主要内容有(　　)。
A. 对产品的直接加工工时　　B. 必要的间歇和停工工时
C. 不可避免的废品耗用工时　　D. 不可避免的废品损失中的消耗
4. 在制定标准成本时,可选择的标准成本包括(　　)。
A. 理想标准成本　　B. 正常标准成本
C. 现实标准成本　　D. 一般标准成本
5. 下列关于制定标准成本的说法中,正确的有(　　)。
A. 直接材料的价格标准就是订货合同的价格
B. 直接人工的用量标准包括对产品直接加工工时、必要的间歇或停工工时以及不可避免的废次品所耗用的工时等
C. 直接人工的价格标准即标准工资率通常由劳动工资部门根据用工情况制定
D. 制造费用的用量标准含义与直接材料相同
6. 人工用量标准是指现有的生产技术条件下,生产单位产品所耗用的必要的工作时间,包括(　　)。
A. 产品直接加工工时
B. 必要的间歇和停工
C. 管理不善造成的多加工工时
D. 不可避免的废次品所耗用的工时
7. 在制定材料的用量标准时,属于生产单位产品所需的材料数量的有(　　)。
A. 构成产品实体的材料
B. 有助于产品形成的材料
C. 生产过程中必要的耗损所耗用的材料
D. 生产过程中非正常损失耗用的材料
8. 下列关于成本动因的表述中,正确的有(　　)。
A. 成本动因可作为作业成本法中成本分配的依据

B. 成本动因可按作业活动耗费的资源进行度量

C. 成本动因可分为资源动因和生产动因

D. 成本动因可以导致成本的发生

三、判断题

1. 正常标准成本是一种理论标准，是指现有条件下所能达到的最优成本水平。（ ）

2. 非增值成本是指由非增值作业发生的作业成本，是需要通过持续改善来消除或减少的成本。（ ）

3. 增值成本只包含那些以完美效率执行增值作业所发生的成本，不包含增值作业中因为低效率所发生的成本。（ ）

4. 作业成本计算法与传统成本计算法相比，对间接费用的分配对象是相同的，不同的是对直接费用的确认和分配。（ ）

5. 通常来说，理想标准成本要大于正常标准成本。（ ）

6. 标准成本是在正常生产经营条件下应该实现的，可以作为控制成本开支、评价实际成本、衡量工作效率的依据和尺度的一种目标成本。（ ）

7. 正常标准成本与现实标准成本不同的是，它需要根据现实情况的变化不断进行修改，而现实标准成本则可以保持较长一段时间固定不变。（ ）

8. 在经济形势变化无常的情况下，最为合适的标准成本是现实标准成本。（ ）

9. 在生产技术和经营管理条件变动不大的情况下，正常标准成本是一种可以较长时间采用的标准成本。（ ）

10. 现行标准成本可以作为评价实际成本的依据，也可以用来对存货和销货成本进行计价。（ ）

四、计算与分析题

1. 某企业生产甲产品，实际产量为 9 600 件，实际工时为 17 280 小时，实际变动制造费用与固定制造费用分别为 88 128 元和 200 000 元。本月预算产量为8 000件，单位工时标准为 1.6 小时/件，标准变动制造费用分配率为 4 元/小时，标准固定制造费用分配率为 6.4 元/小时。

要求：

(1) 计算单位产品的变动制造费用标准成本。

(2) 计算单位产品的固定制造费用标准成本。

2. 某企业五月份计划投产并完工 A、B 两种产品，数量分别为 160 件和 180 件，耗用甲材料的标准分别为 8 公斤/件和 4 公斤/件，材料标准单位成本为 17 元/公斤，五月份实际生产 A、B 两种产品的数量分别为 150 件和 200 件，实际耗用材料分别为 2 100 公斤和 840 公斤，其实际成本总共为 33 600 元。

要求：

(1) 计算 A 产品材料费用的标准单位成本。

(2) 计算 B 产品材料费用的标准单位成本。

3. B公司生产乙产品，乙产品直接人工标准成本相关资料如下表所示：

项　目	标　准
月标准总工时	21 000 小时
月标准总工资	420 000 元
单位产品工时用量标准	2 小时/件

假定B公司实际生产乙产品10 000件，实际耗用总工时25 000小时，实际应付直接人工工资550 000元。

要求：

(1) 计算乙产品标准工资率。

(2) 计算乙产品直接人工标准成本。

第十二章　股 利 分 配

本章基本内容框架

- 利润及利润分配概述
  - 利润分配的项目
  - 利润分配的原则
  - 利润分配的顺序
- 股利理论
  - 传统的股利理论
    - 股利重要论
    - 股利无关论
  - 现代股利理论
    - 追随者效应理论
    - 信号传递理论
    - 代理成本理论
    - 股利信息不对称理论等
- 股利政策
  - 股利分配政策制定的影响因素
    - 法律限制
    - 股东因素
    - 公司因素
    - 其他限制
  - 股利政策的类型
    - 剩余股利政策
    - 固定股利支付率政策
    - 固定股利或稳定增长股利政策
    - 低正常股利加额外股利政策
- 股利支付
  - 股利支付程序
  - 股利支付的方式

重点、难点讲解及典型例题

一、利润分配

利润分配的顺序(见表 12-1)

表 12-1　　利润分配的顺序

计算可供分配的利润	可供分配的利润＝本年净利润＋年初未分配利润 如果为负数，不能进行后续分配； 如果为正数，进行后续分配
计提法定公积金	按照抵减年初累计亏损后的本年净利润计提（这种补亏，是按照账面数字进行的，与所得税法的亏损后转无关，关键在于不能用资本发放股利，也不能在没有累计盈余的情况下计提公积金）
计提任意公积金	由股东会决定
向股东支付股利（向投资者分配利润）	可供股东分配的利润＝可供分配的利润－从本年净利润中提取的公积金

【例题 1 · 多项选择题】 下列关于利润分配的说法中，不正确的有（　　）。

A. 只要本年净利润大于 0，就应该进行利润分配

B. 只有当可供分配利润大于 0 时，才能进行利润分配，计提法定公积金的基数为可供分配利润

C. 如果可供分配利润大于 0，则必须计提法定公积金

D. “补亏”是按照账面数字进行的，与所得税法的亏损后转无关

【答案】 ABC

【解析】 计提法定盈余公积，按照抵减年初累计亏损后的本年净利润计提（这种补亏，是按照账面数字进行的，与所得税法的亏损后转无关，关键在于不能用资本发放股利，也不能在没有累计盈余的情况下计提公积金）。如果本年净利润大于 0：

年初存在累计亏损：法定公积金＝可供分配利润×10％

年初不存在累计亏损：法定公积金＝本年净利润×10％

【例题 2 · 多项选择题】 下列说法中，不正确的有（　　）。

A. 只要本年净利润大于 0，则就可以进行利润分配

B. 只要可供分配利润大于 0，则必须提取法定公积金

C. 不存在用公积金支付股利的可能

D. 提取公积金的基数是本年的税后利润

【答案】 ABCD

【解析】 如果可供分配的利润为负数，则不能进行后续分配。所以，选项 A 的说法不正确；当公积金累计额达到公司注册资本的 50％时，可不再继续提取。所以，选项 B 的说法不正确；若公司用盈余公积金抵补亏损以后，经过股东大会特别决议，也可用盈余公积金支付股利。所以，选项 C 的说法不正确；提取公积金的基数不一定是本年的税后利润，还可能是可供分配的利润。因此，选项 D 的说法不正确。

二、股利理论

股利无关论认为，在一个信息对称的完善资本市场里，在公司投资决策既定的条件下，公司的价值和公司的财务决策是无关的，因此，是否分配现金股利对股东的财富和公司价值

没有影响，股利政策与股价无关，公司的股利政策不会影响股票的市价。

【例题3·多项选择题】 股利无关论成立的条件有（　　）。

A. 不存在个人或公司所得税

B. 不存在股票的发行与交易费用

C. 投资决策不受股利分配的影响

D. 股利支付比率不影响公司的价值

【答案】 ABC

【解析】 不存在个人或公司所得税、不存在股票的发行与交易费用、投资决策不受股利分配的影响、投资者和管理者的信息是对称的，这些都是股利无关论的前提条件，因此，选项A、B、C是答案；而股利支付比率不影响公司的价值则是股利无关论的内容，选项D不是答案。

二、股利政策

1. 股利分配政策的影响因素（见表12-2）

表12-2　　股利分配政策制定的影响因素

法律因素（法律角度）	资本保全	规定公司不能用资本（包括股本和资本公积）发放股利
	企业积累	规定公司必须按净利润的一定比例提取法定盈余公积金
	净利润	规定公司年度累计净利润必须为正数时才可以发放股利，以前年度亏损必须足额弥补
	超额累积利润	由于股东接受股利缴纳的所得税高于其进行的股票交易的资本利得税，于是许多国家规定公司不得超额累积利润，一旦公司的保留盈余超过法律认可的水平，将被加征额外税额
经济限制（股东角度）	稳定的收入和避税	依靠股利维持生活的股东要求支付稳定的股利，高股利收入的股东为避税反对发放较多的股利
	控制权的稀释	持有控股权的股东希望少分股利，多留收益，少增发新股。
财务限制（公司角度）	盈余的稳定性	盈余稳定性强可以支付较高的股利；稳定性弱则一般采取低股利政策
	资产的流动性	资产流动性低时一般不能支付太多股利
	举债能力	举债能力强可以采取较宽松的股利政策；举债能力弱往往采取较紧的股利政策
	投资机会	有良好投资机会时多采取低股利政策；处于经营收缩的公司多采取高股利政策
	资本成本	从资本成本角度考虑，公司有扩大资金需要时应采取低股利政策
	债务需要	有较高债务偿还需要的公司往往减少股利的支付
其他限制	债务合同约束	公司的债务合同，特别是长期债务合同，往往有限制公司现金支付程度的条款，这使公司只得采取低股利政策
	通货膨胀	在通货膨胀时期公司股利政策往往偏紧

【例题4·多项选择题】 下列情形中会使企业减少股利分配的有（　　）。

A. 市场竞争加剧，企业收益的稳定性减弱

B. 市场销售不畅，企业库存量持续增加

C. 经济增长速度减慢，企业缺乏良好的投资机会

D. 为保证企业的发展，需要扩大筹资规模

【答案】 ABD

【解析】 本题考核影响利润分配的因素。经济增长速度减慢，企业缺乏良好投资机会时，会出现资金剩余，所以应增加股利的发放，所以选项C不正确。市场销售不畅，企业库存量持续增加，占用的资金增加，公司往往支付较低的股利，所以，选项B正确。盈余不稳定的公司一般采用低股利政策，所以选项A正确。如果企业要扩大筹资规模，则对资金的需求增大，所以会采用低股利政策，即选项D正确。

【例题5·多项选择题】 下列说法中，正确的有（　　）。

A. 具有较强的举债能力的公司往往采取较宽松的股利政策

B. 盈余相对稳定的公司有可能支付较高的股利

C. 资产流动性较低的公司往往支付较低的股利

D. 有良好投资机会的公司往往少发股利

【答案】 ABCD

【解析】 举债能力强可以采取较宽松的股利政策，举债能力弱往往采取较紧的股利政策，故选项A正确；盈余稳定性强可以支付较高的股利；稳定性弱则一般采取低股利政策，故选项B正确；资产流动性低时一般不能支付太多股利；故选项C正确；有良好投资机会时多采取低股利政策；处于经营收缩的公司多采取高股利政策，故选项D正确。

2. 股利政策的种类

剩余股利政策是指在公司有着良好的投资机会时，根据一定的目标资本结构，测算出投资所需的权益资本，先从盈余当中留用，然后将剩余的盈余作为股利予以分配。

固定或持续增长的股利政策一般将每年派发的股利固定在某一固定水平上并在较长时间内不变，只有当公司认为未来盈余会显著地、不可逆转的增长时，才提高年度的股利发放额。

固定股利支付率政策是公司确定一个股利占盈余的比率，长期按此比率支付股利的政策。

低正常股利加额外股利政策是公司一般情况下每年只支付一个固定的、数额较低的股利；在盈余较多的年份，再根据实际情况向股东发放额外股利。但额外股利并不固定化，不意味着公司永久地提高了规定的股利率。

【例题6·单项选择题】 在以下股利政策中，有利于稳定股票价格，从而树立公司良好形象，但股利的支付与公司盈余相脱节的股利政策是（　　）。

A. 剩余股利政策　　　　B. 固定或持续增长的股利政策

C. 固定股利支付率政策　　　　D. 低正常股利加额外股利政策

【答案】 B

【解析】 采用固定或持续增长的股利政策，股利的支付与盈余相脱节。当公司的盈余

较低时，仍然要支付较高的股利会使企业资金短缺，财务状况恶化。

【例题7·单项选择题】 容易造成股利支付额与本期净利相脱节的股利分配政策是（ ）。

A. 剩余股利政策 B. 固定股利政策

C. 固定股利支付率政策 D. 低正常股利加额外股利政策

【答案】 B

【解析】 如果采用固定股利政策，当盈余较低时仍要支付固定的股利，这可能导致资金的短缺，财务状况恶化，同时不能像剩余股利政策一样保持较低的资金成本。

【例题8·单项选择题】 主要依靠股利维持生活的股东和养老基金管理人最不赞成的公司股利政策是（ ）。

A. 剩余股利政策 B. 固定或持续增长的股利政策

C. 固定股利支付率政策 D. 低股正常利加额外股利政策

【答案】 A

【解析】 剩余股利政策是在公司有着良好的投资机会时，根据一定的目标资本结构，测算出投资所需的权益资本，先从盈余当中留用，然后将剩余的盈余作为股利予以分配，这意味着就算公司有盈利，公司也不一定会分配股利。而其他几种股利政策，股东一般都能获得较为稳定的股利收入，因此，剩余股利政策是依靠股利维持生活的股东和养老基金管理人最不赞成的公司股利分配政策。所以答案是A。

三、股利支付

1. 股利支付程序(见表12-3)

表12-3 **股利支付程序**

股利支付的程序	说明
股利宣告日	董事会将股利支付情况予以公告的日期
股权登记日	有权领取股利的股东登记截止日期； 只有在股权登记日前在公司股东名册上登记的股东，才有权分享股利
股利支付日	发放股利的日期

2. 股利支付方式(见表12-4)

表12-4 **股利支付方式**

方式	说明
现金股利	用现金支付股利，是股利支付的主要方式
股票股利	以增发的股票作为股利
财产股利	以现金以外的资产支付的股利，主要是以公司拥有的其他企业股票、债券作为股利
负债股利	通常以应付票据或发行公司债券作为股利

【例题9·单项选择题】 在我国公司实务中很少使用的股利支付方式是（　　）。

A. 现金股利　　B. 财产股利　　C. 负债股利　　D. 股票股利

【答案】 BC

【解析】 股利的支付形式有现金股利、财产股利、负债股利和股票股利四种，其中财产股利和负债股利在我国公司实务中极少使用。

思考与练习

一、单项选择题

1. 股利分配涉及的方面很多，如股利支付程序中各日期的确定、股利支付比率的确定、股利支付形式的确定、支付现金股利所需资金的筹集方式的确定等。其中，最主要的是确定（　　）。

A. 股利支付程序中各日期　　B. 股利支付比率

C. 股利支付形式　　D. 支付现金股利所需资金

2. 下列在确定公司利润分配政策时应考虑的因素中，不属于股东因素的是（　　）。

A. 规避风险　　B. 稳定股利收入

C. 防止公司控制权旁落　　D. 公司未来的投资机会

3. 下列说法不正确的是（　　）。

A. 处于经营收缩的公司，由于资金短缺，因此多采取低股利政策

B. 在通货膨胀时期公司股利政策往往偏紧

C. 盈余不稳定的公司一般采取低股利政策

D. 举债能力弱的公司往往采取较紧的股利政策

4. 主要依靠股利维持生活的股东最赞成的公司股利政策是（　　）。

A. 剩余股利政策

B. 固定或持续增长的股利政策

C. 固定股利支付率政策

D. 低正常股利加额外股利政策

5. 关于股利分配政策，下列说法中，不正确的是（　　）。

A. 剩余股利分配政策能充分利用筹资成本最低的资金资源，保持理想的资本结构

B. 固定或持续增长的股利政策有利于公司股票价格的稳定

C. 固定股利支付率政策体现了风险投资与风险收益的对等

D. 低正常股利加额外股利政策不利于股价的稳定和上涨

6. 在下列股利分配政策中，能保持股利与收益之间一定的比例关系，并体现多盈多分、少盈少分、不盈不分原则的是（　　）。

A. 剩余股利政策　　B. 固定或稳定增长股利政策

C. 固定股利支付率政策　　D. 低正常股利加额外股利政策

7. 下列关于股票股利对股东的意义的叙述中，不正确的是（　　）。

A. 如果发放股票股利后股价不立即发生变化，会使股东得到股票价值相对上升的好处

B. 发放股票股利会使投资者认为公司将会有较大发展,有利于稳定股价甚至略有上升

C. 股东可因此享受税收上的好处

D. 降低每股价值,吸引更多的投资者

8. 公司董事会将有权领取股利的股东有资格登记截止日称为(　　)。

A. 股利宣告日　　B. 股利支付日

C. 股权登记日　　D. 除息日

9. 公司采用剩余股利政策进行利润分配的根本理由是(　　)。

A. 稳定股东各年收益

B. 体现风险投资与风险收益的对等

C. 使公司利润分配灵活性较大

D. 降低加权平均资本成本

10. 企业在分配收益时,必须按一定比例和基数提取各种公积金,这一要求体现(　　)。

A. 资本保全约束　　B. 企业积累约束

C. 债务合同约束　　D. 超额累积利润约束

二、多项选择题

1. 股利支付的方式包括(　　)。

A. 现金股利　　B. 财产股利　　C. 负债股利　　D. 股票股利

2. 发放股票股利的优点包括(　　)。

A. 可以在心理上给股东以从公司取得投资回报的感觉

B. 通过发放股票股利可以适当降低股价水平,促进公司股票的交易和流通

C. 可以降低发行价格,有利于吸引投资者

D. 可以使股权更为分散,有效地防止公司被恶意控制

3. 股利无关论认为股利分配对公司的市场价值不产生影响。包括的假设有(　　)。

A. 不存在个人或公司所得税

B. 不存在股票筹资费用

C. 投资决策不受股利分配的影响

D. 公司的投资者和管理当局可相同地获得关于未来投资机会的信息

4. 股东从保护自身利益的角度出发,在确定股利分配政策时应考虑的因素有(　　)。

A. 规避所得税　　B. 担心控制权的稀释

C. 追求稳定的收入　　D. 规避风险的需要

5. 固定股利支付率政策的优点包括(　　)。

A. 使股利与企业盈余紧密结合　　B. 体现投资风险与收益的对等

C. 有利于稳定股票价格　　D. 缺乏财务弹性

三、判断题

1. 应该按照抵减年初累计亏损后的本年净利润计提法定公积金,“补亏”要符合税法的规定。 (　　)

2. 可以用资本发放股利,但不能在没有累计盈余的情况下提取公积金。 (　　)

3. 为了保护投资者的利益,我们国家不允许发放负债股利。 (　　)

4. 以公司所拥有的其他企业的债券作为股利支付给股东属于负债股利支付方式。 (　　)

5. 股利无关论认为投资者并不关心公司股利的分配,但股利的支付比率会影响公司的价值。 (　　)

6. 由于股东接受股利缴纳的所得税高于其进行股票交易的资本利得税,因此,我国法律规定不得超额累积利润。 (　　)

7. 特殊情况下,可以用资本公积发放股利。 (　　)

8. 依靠股利维持生活的股东,往往要求公司支付较高的股利。 (　　)

9. 在剩余股利政策下,“保持目标资本结构”是指一年中始终保持同样的资本结构。 (　　)

10. 具有较高债务偿还需要的公司,一定会减少股利的支付。 (　　)

第十三章　财务管理方法

本章基本内容框架

- 财务管理方法概述
  - 财务管理方法定义
  - 财务管理方法类型
  - 财务管理方法体系
- 财务预算
  - 财务预算概述
  - 财务预算的编制方法
  - 现金预算
  - 预算财务报表的编制
- 财务分析
  - 财务分析概述
  - 财务分析比率
  - 财务综合分析
- 业绩评价
  - 成本中心的业绩评价
  - 利润中心的业绩评价
  - 投资中心的业绩评价
  - 基于 EVA 业绩评价

重点、难点讲解及典型例题

一、预算编制方法

预算的编制方法有以下几种：固定预算、弹性预算、零基预算、滚动预算和概率预算。

【例题 1・多项选择题】 常用的预算编制方法包括(　　)。

A. 固定预算　　B. 零基预算

C. 全面预算　　D. 滚动预算

E. 弹性预算

【答案】 ABDE

【解析】 预算编制方法有固定预算、弹性预算、零基预算、滚动预算、概率预算。

二、财务分析的主体和目标

财务分析主体是指与企业有现存的和潜在的利益关系，并希望通过对企业财务分析而获得企业财务信息的单位或个人。一般来说企业财务分析的主体有企业经营者，企业投资者，企业债权人、政府部门以及其他与企业经济利益有关系的单位或个人。由于企业财务分析主体的多元性，决定了企业财务分析目标的多元性。

【例题1·单项选择题】 从企业债权人角度看，财务分析的最直接的目标是（　　）。

A. 企业盈利能力　　B. 企业运营能力

C. 企业偿债能力　　D. 企业增长能力

【答案】 C

【解析】 债权人角度进行财务分析的主要目的是看其对企业的借款或其他债权是否能及时、足额收回，即研究企业偿债能力的大小。

三、因素分析法

因素分析法也称因素替换法、连环替代法，它是用来确定几个相互联系的因素对分析对象——综合财务指标或经济指标的影响程度的一种分析方法。差额计算法是连环替代法的一种简化形式。

【例题2·判断题】 差额计算法只是连环替代法的一种简化形式，二者实质是相同的。（　　）

【答案】 √

【解析】 差额计算法是连环替代法的一种简化形式。

四、速动比率

速动比率＝速动资产/流动负债

其中：速动资产＝货币资金＋短期投资＋应收票据＋其他应收款

【例题3·多项选择题】 下列项目中，属于速动资产的有（　　）。

A. 现金　　B. 应收账款

C. 其他应收款　　D. 固定资产

【答案】 AC

【解析】 速动资产＝货币资金＋短期投资＋应收票据＋其他应收款

五、运营能力指标

资产的运营能力表现为企业资产所占用资金的周转速度，反映企业资金利用的效率，表明企业管理人员经营管理、运用资金的能力。企业生产经营资金周转的速度越快，表明企业资金利用效果越好，效率越高，企业管理人员的经营能力越强。反映资产周转快慢的指标一般有周转率和周转天数两种形式。

【例题4·判断题】 资产周转次数越多，周转天数越多，表明资产周转速度越慢。（　　）

【答案】 ×

【解析】 资产周转天数与周转天数呈反向变动关系，周转次数越多，周转天数越少。

六、市盈率

一般来说，市盈率高，说明投资者愿意出更高的价格购买该公司股票，对该公司的发展前景看好。因此，一些成长性较好的公司股票的市盈率通常要高一些。如果某一种股票的市盈率过高，则也意味着这种股票具有较高的投资风险。

【例题5·判断题】 市盈率越高，说明企业盈利能力越强。 （　　）

【答案】 ×

【解析】 一般情况下，市盈率越高反映企业发展前景越好，并不一定盈利能力越强。

七、预计财务报表

预计财务报表是按照财务会计所规定的形式和内容，在企业所编制的各种业务预算和专门预算的基础上，反映企业在预算期末所应达到的财务状况、所应取得的经营成果的财务报表。预计财务报表包括预计利润表、预计资产负债表和预计现金流量表。

【例题7·多项选择题】 财务预算中的预计财务报表包括（　　）

A. 预计收入表　　B. 预计成本表

C. 预计资产负债表　　D. 预计利润表

E. 现金预算表

【答案】 CDE

【解析】 预计财务报表包括预计利润表、预计资产负债表和预计现金流量表。

八、利润中心指标

（一）人为的利润中心的考核指标是边际贡献总额；

（二）自然的利润中心的考核指标主要有四个：

(1) 利润中心边际贡献总额＝该利润中心销售收入总额－该利润中心变动成本总额

(2) 利润中心可控利润总额（也称可控边际贡献）＝该利润中心边际贡献总额－该利润中心负责人可控固定成本

(3) 利润中心可控利润总额（也称部门边际贡献）＝该利润中心负责人可控利润总额－该利润中心负责人不可控固定成本

(4) 公司利润总额（也称税前部门利润）＝各利润中心可控利润总额之和－公司不可分摊的各种管理费用、财务费用等金额

【例题8·多项选择题】 由于不同类型、不同层次的利润中心可控范围不同，因而用于考核与评价利润中心的指标有（　　）。

A. 投资报酬率　　B. 毛利

C. 剩余收益　　D. 部门贡献毛益

E. 营业利润

【答案】 BDE

【解析】 利润中心是有独立或相对独立的收入和生产经营决策权，能同时控制生产和销售，既要对成本负责又要对收入和利润负责，但没有责任或者没有权利决定该中心资产投资水平的责任中心。选项BDE符合题意，而选项AC属于投资中心评价指标。

九、经济增加值

经济增加值(economic value added, EVA)是基于经济利润基础上衡量企业经营业绩的一种指标，是企业资本收益(即税后净经营利润)与全部投入资本(即债务资本和权益资本之和)成本之间的差额。

【例题9·多项选择题】 EVA与传统财务指标的最大不同，就是充分考虑了投入资本的机会成本，使得EVA具有(　　)的突出特点。

A. 度量的是资本利润　　B. 度量的是企业的利润

C. 度量的是资本的社会利润　　D. 度量的是资本的超额收益

E. 度量的是利润总额

【答案】 ACD

【解析】 EVA体现了企业在一定时期创造或损失了的股东财富价值量，真正成为了股东所定义的利润。EVA为正值，表明企业获得的收益大于为获得该收益所付出的资本成本，说明企业增加了股东财富；EVA为负值，则表明企业获得的收益小于为获得该收益所付出的资本成本，说明企业股东财富被损害；EVA为零，表明企业的收益仅仅补偿了资本成本。

思考与练习

一、单项选择题

1. 企业投资者进行财务分析的根本目标是关心企业的(　　)。

A. 盈利能力　　B. 运营能力

C. 偿债能力　　D. 增长能力

2. 总资产报酬率是指(　　)与平均总资产之间的比率。

A. 利润总额　　B. 息税前利润

C. 总资产周转率　　D. 净资产收益率

3. (　　)是反映盈利能力的核心比率。

A. 总资产报酬率　　B. 股利发放率

C. 总资产周转率　　D. 净资产收益率

4. 股利发放率的计算公式是(　　)。

A. 每股股利/每股市价　　B. 每股股利/每股收益

C. 每股股利/每股账面价值　　D. 每股股利/每股金额

5. 反映资产占用与收入之间关系的指标是(　　)。

A. 流动资产产值率　　B. 流动资产周转率

C. 固定资产产值率　　D. 总资产产值率

6. 如果流动比率大于 1，则下列结论成立的是(　　)。
A. 速动比率大于 1　　B. 现金比率大于 1
C. 营运资本大于 0　　D. 短期偿债能力绝对有保障
7. 与资产负债率指标之和等于 1 的指标是(　　)。
A. 业主权益乘数　　B. 股东权益比率
C. 产权比率　　D. 资产长期负债率
8. 下列指标中，属于增长率指标的是(　　)。
A. 产权比率　　B. 资本收益率
C. 不良资产比率　　D. 资本积累率
9. 杜邦财务分析体系的核心指标是(　　)。
A. 总资产报酬率　　B. 销售利润率
C. 净资产收益率　　D. 可持续增长率
10. 社会贡献率指标是(　　)最关心的指标。
A. 所有者　　B. 经营者
C. 政府管理者　　D. 债权人
11. 直接人工预算额＝(　　)×单位产品直接人工工时×小时工资率。
A. 预计生产量　　B. 预计工时量
C. 预计材料消耗量　　D. 预计销售量
12. (　　)是其他预算的起点。
A. 生产预算　　B. 销售预算
C. 现金预算　　D. 财务预算
13. 预计期初存货 50 件，期末存货 40 件，本期销售 250 件，则本期生产量为(　　)件。
A. 250　　B. 240　　C. 260　　D. 230

二、多项选择题

1. 财务分析的主体包括(　　)。
A. 企业所有者　　B. 企业债权人
C. 企业经营者　　D. 企业供应商和客户
E. 政府管理部门
2. 反映盈利能力的指标有(　　)。
A. 营业利润　　B. 利息保障倍数
C. 净资产收益率　　D. 成本利润率
E. 净利润
3. 下列指标中，反映企业短期偿债能力的指标有(　　)。
A. 流动比率　　B. 速动比率
C. 资产负债率　　D. 净资产负债率
E. 已获利息倍数
4. 根据杜邦财务分析体系，影响净资产收益率的因素有(　　)。

A. 权益乘数　　B. 速动比率
C. 销售利润率　　D. 成本利润率
E. 总资产周转率

5. 反映上市公司盈利能力的指标有(　　)。
A. 每股收益　　B. 普通股权益报酬率
C. 总资产周转率　　D. 净资产收益率

6. 现金预算是各有关现金收支预算的汇总,通常包括(　　)等四个组成部分。
A. 现金收入　　B. 现金支出
C. 现金多余或现金不足　　D. 资金的筹集与应用

7. 财务预算包括(　　)。
A. 现金预算表　　B. 资本支出预算
C. 预计利润表　　D. 预计资产负债表
E. 市盈率

三、判断题

1. 运用差额计算法进行因素分析不需要考虑因素的替代顺序问题。　(　　)
2. 债权人通常不仅关心企业的偿债能力比率,而且也关心企业盈利能力比率。　(　　)
3. 普通股权益报酬率与净资产收益率是相同的。　(　　)
4. 对于应收账款和存货变现能力存在问题的企业,分析速动比率尤为重要。　(　　)
5. 企业能够持续增长对投资者、经营者至关重要,但对债权人而言相对不重要,因为他们更关心企业的变现能力。　(　　)
6. 仅分析某一项发展能力指标,我们无法得出企业整体发展能力情况的结论。　(　　)
7. 最能体现企业经营目标的财务指标是净资产收益率。　(　　)
8. 公司发行优先股时,应当对稀释性每股收益指标的分母进行调整。　(　　)
9. 从稳健角度出发,现金比率用于衡量企业偿债能力最为保险。　(　　)
10. 股票价格变动对每股收益不产生影响。　(　　)

四、计算分析题

1. 某企业年末流动负债60万元,速动比率2.5,流动比率3.0。营业成本81万元。已知年初和年末的存货相同。

要求:计算该企业的存货周转率。

2. 某公司部分财务数据如下:

货币资金　150 000元　固定资产　425 250元　流动比率为3　速动比率为2
长期负债　200 000元　销售收入　1 500 000元　应收账款周转期为40天。

要求:

(1) 计算应收账款。
(2) 计算流动负债。
(3) 计算流动资产。

(4) 计算总资产。

(5) 计算资产负债率。(计算结果取整数)

3. 某公司年末资产负债表简略形式如表 13-1 所示。

表 13-1　　**资产负债表**　　单位:元

资产	期末数	权益	期末数
货币资金	25 000	应付账款	
应收账款净额		应交税金	25 000
存货		长期负债	
固定资产净值	294 000	实收资本	200 000
		未分配利润	
总计	432 000	总计	

已知:期末流动比率=1.5;期末资产负债率=50%;本期存货周转次数=4.5(次);本期销售成本=315 000(元);期末存货=期初存货。

要求:根据上述资料,计算并填列资产负债表中的空项。

4. 假设 A 公司只生产一种产品,销售单价为 200 元,预算年度内四个季度的销售量经测算分别为 250 件,300 件,400 件和 350 件。根据以往经验,销货款在当季可收到 60%,下一季度可收到其余的 40%。预计预算年度第一季度可收回上一年第四季度的应收账款 20 000 元。

要求:计算本年各季度的现金收入。

5. 某公司 1 月,2 月销售额分别为 10 万元,自 3 月起月销售额增长至 20 万元。公司当月收款 20%,次月收款 70%,余款在第 3 个月收回。公司在销售前一个月购买材料,并且在购买后的下一个月支付贷款,原材料成本占销售额的 70%,其余费用如表 13-2 所示:

表 13-2　　**其余费用**

月份	工资	租金	其他费用	税金
3	15 000	5 000	2 000	—
4	15 000	5 000	3 000	80 000

若该公司 2 月底的现金余额为 50 000 元,且每月现金余额不少于 50 000 元。

要求:根据以上资料编制 3 月、4 月的现金预算。

第二部分　案例分析精选及解析

案例1　青鸟天桥的财务管理目标

一、案例介绍

1999年11月18日下午，北京天桥商场里面闹哄哄的，商场大门也挂上了“停止营业”的牌子。11月19日，很多顾客惊讶地发现，天桥商场在大周末居然没开门。据一位售货员模样的人说：“商场管理层年底要和我们终止合同，我们就不给他们干活儿了。”员工们不仅不让商场开门营业，还把货场变成了论坛。

1999年11月18日至12月2日，对北京天桥北大青鸟科技股份有限公司的管理层和广大员工来说，是黑色的15天！

在这15天里，天桥商场经历了46年来第一次大规模裁员；

在这15天里，283名天桥员工采取了静坐等非常手段；

在这15天里，天桥商场破天荒被迫停业8天之久；

在这15天里，公司管理层经受了职业道德与人道主义的考验，作出了在改革的道路上是前进还是后退的抉择……

这场风波引起了市场各方面的高度关注，折射了中国经济社会在20世纪末新旧体制交叠过程中不可避免的大冲撞。

1. 起因

(1) 天桥商场的历史。天桥商场是一家老字号商业企业，成立于1953年。20世纪50年代，天桥商场是全国第一面“商业红旗”。80年代初，天桥商场第一个打破中国30年的工资制，将商业11级改为8级。1984年7月25日，北京天桥百货股份有限公司正式成立，发行股票300万股。1988年，天桥商场兴建起了营业面积为8 000平方米的新楼，发行了第二期700万股股票。1993年5月，天桥商场股票在上海证券交易所上市。经济学家万典武概括“天桥”的三个“独占鳌头”之举：全国第一家正式注册的股份制企业、第一批规范化股份制企业、第一批异地上市的股份制企业……

(2) 北大青鸟借壳。1998年12月25日，北京天桥百货股份有限公司董事会发布公告，宣布进入高科技领域，收购北大青鸟商用信息系统有限公司98%的股权，同时收购北大青鸟软件系统公司的两项知识产权。

1998年12月30日，北大青鸟有限责任公司和北京天桥百货股份有限公司发布公告，宣布北大青鸟通过协议受让方式受让北京天桥部分法人股股权。北大青鸟出资6 000多万元，受让天桥商场法人股，拥有了天桥商场16.76%的股份，股权转让后，该公司持有北京天桥股份1 524.987万股，前者借壳上市，成为北京天桥第一大股东。此举表明北大青鸟正式进入北京天桥，后者也顺利进军IT产业。同时，北京天桥百货商场更名为“北京天桥北大青鸟科技股份有限公司（简称‘青鸟天桥’）”。

天桥员工闻知，欢欣鼓舞，寄厚望于新进入的大股东，盼望高科技给他们带来新转机。然而，天桥商场的经营并不令人放心，几个月后，滑落到了盈亏临界点，并从此疲态不改。面对严峻的经营形势，1999 年 11 月 2 日，公司董事会下决心实行裁员增效，谋求商场的长远发展。

(3) 裁员风波。青鸟天桥有员工 1 122 人，其中有 664 人的就业合同于 1999 年 12 月 26 日到期。考虑到减员行动的合法性和稳妥性，也考虑到员工的承受能力，董事会作出了从这 664 人入手，先部分减员的选择。具体有四个条件：一是年老的和年轻的之间，留用老的，女 40 岁、男 45 岁以上的员工可续签合同。二是夫妻两个都在商场工作的留一个。三是军嫂留用。四是专业技术和经营管理骨干留用。

根据上述原则，有 226 人可续签合同，438 人则成为减员的对象。

为确保这一行动的顺利实施，公司做了两方面的工作：一方面，舆论先行，在天桥商场通过板报、咨询等形式，加紧宣传《劳动法》等有关政策法规；另一方面，与有关部门和企业联系，把需要招工的企业直接引进商场，方便员工再就业。

经过两周的紧张准备后，1999 年 11 月 18 日，商场广播正式播送了董事会的决定：1999 年 12 月 26 日，有 664 名员工合同到期，其中的 438 人商场决定不再续签合同，请全体员工到各部门经理处查阅自己的合同；到期的员工到会计室领取 12 月份工资、奖金；档案关系商场近期给予转出；当时有 8 家企业正在楼上招工，有 200 个就业机会。

决定刚一播完，商场员工哗然，数百名合同到期的员工不约而同涌向商场领导办公室。

商场工作顿时陷于瘫痪，挂出了停业招牌。备受关注的天桥商场裁员风波由此开始。

2. 交锋

当晚，未能续签合同的 438 名员工在一层营业大厅静坐，要求与企业法人对话，其理由是：我们没有一点思想准备，不理解企业为什么要这样做。

11 月 20 日，公司董事会秘书、来自北大青鸟的侯琦博士和北大青鸟的另一位代表一起来到现场，阐明了裁员决定的合法性，他们以北大方正新近就裁掉了 500 人等实例，强调在市场经济下，企业控制成本、减员增效、追求利润最大化，是符合市场规则的，当然也符合国家有关的政策制度。

“我们不懂什么市场规则，我们只知道生存，明天没有饭吃，”员工们针锋相对，“我们怎么也想不通，商场经理常说，‘谁砸天桥的饭碗，我就砸谁的饭碗’。可现在，没有人砸天桥的饭碗，我们的饭碗却被砸了”。他们有一种被出卖、被抛弃的感觉。

一边是焦头烂额的上市公司代表，一边是伤心、愤懑的静坐员工，双方激烈辩论，最初的现场气氛就让人深感不安。但好在双方都把对方的意图、处境弄清楚之后，思想开始拉近。前者更深刻地体会到了员工们生活的困难情况，后者对管理层的决策也多了些理解。

到 11 月 25 日，也就是静坐的第 8 天晚上，公司管理层答应考虑员工们提出的给予补助的要求，但反复说明青鸟天桥是上市公司，公司每支付一笔钱都必须经董事会和股东大会投票通过，必须按照法律程序办事。对峙气氛明显有了缓和。

11 月 26 日，静坐的员工们在管理层代表们的劝说下，从一楼货场营业大厅撤离到七层会议室。当天，北京天桥北大青鸟科技股份有限公司在指定报刊上发表公告，宣布持续 6 天的被迫停业的僵局有所缓解，商场已恢复部分营业，但劳资纠纷的解决还没有实质性进展。

当晚6时，北大青鸟代表和天桥商场领导来到充满焦躁气氛的七层会议室，整整等了一天的员工们立即兴奋起来。青鸟代表以学者的口吻谦和而审慎地对让大家等了一天表示歉意，然后通报了他们在这一天里的工作日程：

(1) 应中国证监会的要求，上市公司商场不正常停业一周，必须作出交代，为此今天上午举行了新闻发布会。

(2) 中午赶回公司，起草申请召开紧急董事会及拟订相关经济补助方案，报给董事长。

(3) 下午向北大学校党委汇报天桥商场裁员工作情况，4时左右往这边赶。

说完这些，他们正式报告大家，董事会将于11月29日讨论，29日晚给大家一个答复。

员工们的情绪再次激动了。这么多天为什么不开董事会？9天了，总是说研究再研究，讨论再讨论，到底在研究什么？讨论什么？到现在问题还没有解决，到底要等到什么时候？一个个问题连珠炮似的向青鸟代表发出。

“我们是上市公司，不仅接受证监会和新闻媒体的监督，还要对全体股东负责，形成的任何一项决议都要有法律依据，不能引起法律纠纷，这不是谁拍脑袋就能定的。董事会召开的规则是要在十天前通知董事，即使召开紧急董事会也要找到依据。我们也想给大家经济补助，但形成的决议是要进入法律程序，我们必须依法办事……”青鸟的代表耐着性子对大家解释，以求得对方的理解。

28日，员工们递交了一封给董事会的信件，信中写道：在目前的改革形势下，国有企业面临新的体制改革，青鸟天桥董事会作出了裁员增效的决策，对此我们表示理解和支持。但是我们这些人必然将面临一个更严峻的问题，就是重新被社会选择。而我们这些人基本不具备高学历、高技能，让我们走向市场，谁要我们？旧的体制不要我们，新的体制我们又进不去，因此，我们要求，作为工龄补助、养老保险、再就业劳动技能培训、精神伤害等项补助，公司补助每人总计47 500元。

29日上午，董事会如期召开。下午，北大青鸟代表、天桥商场领导与崇文区政府领导研究处理方案。晚8时，董事会在7楼会议室宣布，原则上同意员工提出的关于工龄补助的要求，但关于养老保险补助的要求，董事会有不同意见，其他补助不予考虑。另外，劳动技能培训今后由北大青鸟免费解决，不再另给经济补助。并说，如不同意这个方案，可派两名职工代表参加12月2日的董事会，详细说明要求。

董事会的这一补助方案被员工认为与自己提出的要求相差甚远，再加上听说还要等，紧张的气氛立即升温。从11月30日上午到12月1日凌晨6时，静坐了14天的员工情绪急剧恶化。有18人晕倒被送往医院抢救，有12人一天一夜滴水未进，还有一名女工欲从会议室跳楼自杀，幸亏被及时抱住。

面对这种状况，公司管理层代表沉重地说，我们实在不愿意看到情况继续恶化下去。我们只有两个选择，要么退步，与这些员工续签合同或采取其他退让措施，这将意味着改革的失败；要么坚持往前走，实行裁员增效的改革，但这可能会付出血的代价。

3. *结局*

天桥裁员风波惊动了中央和北京市领导，市委、市政府高度重视，12月1日召开紧急会议进行研究，决定由市委常委、崇文区委书记和北京市劳动局局长组成领导小组，妥善做好部分终止劳动合同员工的思想工作和生活困难补助事宜。12月2日，公司董事会经过投票，通过了对终止劳动合同的职工给予一次性生活困难补助的方案。与此同时，商场发挥各部门负责人的作用，由部门经理出面，对原部门职工进行思想说服教育工作，晓之以理，动之以情。劳动部门也亲临现场设立咨询台，讲解《劳动法》等相关政策法规。公安部门现场维持秩序。崇文区副区长、北大青鸟代表和天桥商场领导，还亲自登门拜访部分生活困难的员工，讲明政策，为他们指明道路。大量深入细致的工作，使得员工们的思想发生了转变，他们开始面对现实，依法办理了终止合同手续，裁员风波得以平息。

对面临失业职工的安抚终于有了最为实际的举措。公司董事会开会决定，同意给予终止合同的职工适当的经济补助，并同意对照解除劳动合同的相关规定，对 438 名终止劳动合同的职工给予人均 1 万元、共计 440 万元左右一次性经济补助。这次董事会同时决定，在未经股东大会批准之前，鉴于实际情况，决定先由公司先行预支，并责成天桥百货商场执行。据悉，这次补助方案将在下次召开的股东大会上再行表决。

由于不满下岗解聘的部分员工占据商场楼面而引发的这场劳资纠纷，看来总算找到了一个较为可行的解决方案。事发以后青鸟天桥有关负责人就曾向媒体表示，公司将给面临失业职工再就业问题给予帮助，包括想方设法帮助找就业岗位、拨款资助职工参加再就业培训、对部分生活确实困难的职工给予资助等。此次通过的经济补助方案，从文字上看似乎已经跳出了原先“对部分职工给予资助”的框框。

在这次董事会上，公司决策层也再次对天桥百货商场领导班子在终止(续签)劳动合同工作中制定的减员增效实施方案给予了肯定，并称此举符合《劳动法》及相关法律法规的规定。公司董事会同时责成商场领导班子，要求做好职工的思想工作、劝导工作。

原先占据天桥百货商场的部分职工早已经全部撤离了现场，商场全面恢复营业，停业期间没有一件商品丢失，没有任何设施受到破坏。董事会当时即表示，这场争执不会对青鸟天桥业绩造成大的影响。

15 个不同寻常的日夜，带给我们的反思是深刻的。人们透过这场风波看到新旧体制、新老观念的较量；现代企业运行与传统企业桎梏的交锋；改革、发展、稳定三者关系的内在联系。

15 个不同寻常的日夜，传递给我们的信息是深沉的。改革之路并非坦途；企业改革需要政府依法支持；改革过程中涉及人们的利益调整，领导要高度重视，方案要周全，工作要细致；员工的政策法规教育应加强，专业技能培训应强化，思想观念应转变；社会保障体系应尽快建立和健全……

二、案例分析

财务管理是企业管理的重要组成部分，它是企业资金的获得和有效使用的管理工作，企业财务管理的目标取决于企业的总目标。企业的生产经营活动都是处在具体的特定环境中的，不同环境中的企业，其财务管理目标会有很大的差异。企业所处的社会环境、文化背景、政治法律情况、企业的内部治理结构等因素变动都会引起企业财务管理目标的变化。

对企业财务管理目标的说法有很多，目前人们对企业财务管理目标的认识主要表述为“企业利润最大化”“股东财富最大化”和“企业价值最大化”。

利润最大化观点认为，利润代表了企业新创造的财富，利润越多企业的财富增加越多，越接近于企业的目标。

股东财富最大化观点认为，创办企业的目的是为了扩大股东财富，企业的价值在于它能给投资者带来未来报酬。

企业价值最大化又称“相关者利益最大化”，这种观点认为，企业的目的是在不断提高企业价值的基础上，满足各利益相关者的要求，使财富不断增长。这些利益相关者主要包括股东、债权人、企业员工和政府等。

青鸟天桥在企业改革发展中，内部治理结构等因素变动引起了企业财务管理目标的变化，是正常现象。

青鸟公司决策层认为，减员增效作为深化改革迈出的第一步，今天不迈，明天还是要迈，明天会比今天更难。这是激烈的市场竞争的必然趋势。

此次停业，使天桥商场丢掉了400万元的销售额和60万元的利润。不过，北大青鸟认为，天桥商场是公司很小的一部分，不足以影响公司的利益，但是，事件给社会带来的警示意义却是深远的。

在风波开始的初期，青鸟天桥追求的是利润与股东财富的最大化，而风波是在“企业价值最大化”为目标的指导下才得以平息的。

这次风波的起因就是天桥商场的经营不佳，利润滑落到了盈亏的临界点，并从此疲态不改。面对严峻的经营形势，公司董事会下决心实行减员增效。公司董事会秘书、来自北大青鸟的侯琦博士在对员工解释时，阐明了裁员决定的合法性，公司以北大方正新近就裁掉了500人等实例，强调在市场经济条件下，企业控制成本、减员增效、追求利润最大化，是十分正常的，是符合市场规则的。也就是说，裁员风波是基于企业利润最大化的目标而开始的。当然，在正常情况下，利润的增加，可以增加股东的财富。

但是，当员工们的抵触情绪如此之强，事情已经发展到管理者们难以控制的局面时，就已经处于一个企业发展的非常阶段，此时就不能再以利润最大化来衡量企业的行为，而是必须考虑出现这种特殊情况后企业的应对措施。如果一味地追求利润最大化——在这里就是坚决对员工提出的意见不予理睬——谁都无法想象会出现什么后果。

此时，为了企业的长远利益，首要的任务就是平息这场风波，安抚职工的情绪，所以，适当的利润上的牺牲是必要的，此时的牺牲才会换来更长远的发展。别的不说，单是员工们静坐在大厅时商场不能营业的损失就是巨大的。

所以，企业的财务管理目标要根据具体情况来决定，而且这个目标也不可能是一成不变的，对财务管理目标的适当调整是必要的，只有这样，才能在不断变化的内、外环境中处于比较有利的竞争地位。

本案例也折射出一系列其他问题。

(1) 社会保障体系不健全。这是根本原因，也是短期难以消除的因素。虽几经努力，但目前的社会保障体系依旧残缺不全。一旦员工下岗甚至失业，社会根本无力接纳、消化。在这种改革环境不够宽松的情况下进行大规模裁员，一旦员工意识到工作岗位丧失、生计没有着落，就必然出现集体上访等群体抗议活动。

(2) 公司立法不到位。我国现行《公司法》第15条、第120条虽有“公司必须保护职工的合法权益”之类的条款，但该法在规范公司治理结构等方面是以股东价值为导向。被股东控制的董事会自然更多地或者首先是考虑股东(尤其是大股东)的回报，而不是职工合法权益的被保护，也压根不会出现在作出重大决策前要听取职工意见的明智之举。在新老三会难以衔接融合的公司治理机制下，董事会听取了职代会或工会的意见却不采纳，至少从表面程序上看，董事会的上述行为是无瑕疵的，也是职工无可奈何的。

(3) 借壳方指导思想不端正。太多的新兴高科技企业想上市却因“额度制”政策限制难圆其梦。一旦过关斩将有幸出巨资购买国有股或法人股借壳间接上市，则急于在短期内获取高额回报。由于介入证券市场的指导思想从一开始就步入误区，因而在企业整合上就存在考察不细、准备不足、筹划不周、急于求成、犯常识性错误等致命缺陷。

(4) 企业文化不兼容。高就业、低流动、分配均衡化是国有企业人力资源配置的基本特征。尽管企业经营不佳、平均收入不高，但只要干部与员工能够同甘共苦，大家都有个单位和岗位，员工的情绪就比较平和，至少表面上相安无事。而新兴高科技企业要求员工数量尽可能少、素质尽可能高、收入差距尽可能大，且新兴高科技企业人才跳槽频繁，人员流动率高。一旦新兴高科技企业进入国有企业改制的上市公司，两种截然不同的企业文化必然发生摩擦甚至撞击。因为重组是借用外力实现的重新组合，不可避免地引用或注入外来文化，并由此产生企业内部对外来文化的消极抵触情绪。在新兴高科技企业老板及员工看来像空气一样再平常不过的调整岗位、裁减冗员，在国有企业却几乎寸步难行。一旦原有的平衡被打破，双方的对立激化到不可调和的地步，冲突就不可避免。

案例2 拿破仑带给法兰西的尴尬

一、案例介绍

拿破仑1797年3月在卢森堡第一国立小学演讲时说了这样一番话：“为了答谢贵校对我，尤其是对我夫人约瑟芬的盛情款待，我不仅今天呈上一束玫瑰花，并且在未来的日子里，只要我们法兰西存在一天，每年的今天我将亲自派人送给贵校一束价值相等的玫瑰花，作为法兰西与卢森堡友谊的象征。”时过境迁，拿破仑穷于应付连绵的战争和此起彼伏的政治事件，最终惨败而流放到圣赫勒拿岛，把在卢森堡的诺言忘得一干二净。可卢森堡这个小国对这位“欧洲巨人与卢森堡孩子亲切、和谐相处的一刻”念念不忘，并载入学校的史册。1984年年底，卢森堡旧事重提，向法国提出“违背赠送玫瑰花”诺言案的索赔；要么从1797年起，用3路易作为一束玫瑰花的本金，以5厘复利计息全部清偿这笔玫瑰案；要么法国政府在法国各大报刊上公开承认拿破仑是个言而无信的小人。起初，法国政府准备不惜重金赎回拿破仑的声誉，但却又被电脑算出的数字惊呆了：原本3路易的许诺，本息竟高达1375596法郎。经冥思苦想，法国政府斟词酌句的答复是：“以后，无论在精神上还是物质上，法国将始终不渝地对卢森堡大公国的中小学教育事业予以支持与赞助，来兑现我们的拿破仑将军那一诺千金的玫瑰花信誉。”这一措辞最终得到了卢森堡人民的谅解。

二、案例分析

单利和复利的计算中，现金流量只在某一年发生。实际上企业的现金流量每年都会产生，形成收入或支付序列。这些等额、系列的收支就是年金。年金在日常生活中常见，如分期付款购货、储蓄中的零存整取、养老金的发放等，都属于年金收付形式。所以，掌握年金的计算，具有十分重要的意义。案例中拿破仑的承诺“我不仅今天呈上一束玫瑰花，并且在未来的日子里，只要我们法兰西存在一天，每年的今天我将亲自派人送给贵校一束价值相等的玫瑰花”，是一项长期的年金支付。截至1984年，以3路易为年金，5厘为复利率，计息次数近200年的年金终值当然会使法国政府惊呆。可见，不可小看3路易的价值，积少成多的道理在此案例中得到了更好的体现。

案例3　中国移动(香港)公司筹资案例

一、案例介绍

在2003年中央电视台的一期对话节目中，应邀嘉宾——中国移动（香港）公司的董事长兼总经理王晓初曾说，中国移动（香港）公司自成立以来，每年都采取了大规模的融资计划，利用多种多样的融资方式，为公司的业务发展和资本运作提供了充足的资金来源。

中国移动（香港）公司是中国移动通讯集团下属的全资子公司，1997年成立，注册地为香港。在1997年10月，中国移动（香港）公司在香港和纽约上市，融资42.2亿美元；在1999年11月，公司增发新股，又融资20亿美元。

2000年10月7日，中国移动（香港）公司通过其全资子公司中国移动（深圳）有限公司，与由中国建设银行和中国银行联合牵头的8家国内外银行签署了125亿元人民币的银团贷款协议，用于中国移动（香港）有限公司向其控股母公司中国移动通信集团公司收购内地7个省份移动通信资产的部分资金需要。此次银团贷款是迄今中国最大规模的人民币银团贷款，也是中国移动（香港）有限公司首次尝试国内融资。采用这种融资方式，主要是考虑到通过人民币融资不仅能降低资金综合成本，进一步优化公司资本结构，也能有效地规避外汇风险，同时也借此加强与国内金融机构的合作。

2000年11月，中国移动（香港）公司在中国香港、纽约增发新股并发行可转换债券，筹集资金75.6亿美元。

2001年，中国移动（香港）公司通过其全资内地子公司中国移动（广东）公司发行50亿元人民币的十年期的浮动利率公司债券，创下了当时企业债券发行规模新纪录。董事会认为，本期债券的发行能使中国移动（香港）公司拓宽融资渠道及投资者基础，有助于优化融资结构，减低资本成本及规避风险。

2002年，又通过中国移动（广东）公司发行80亿元人民币、期限分别为五年和十五年的公司债券，在不到3个月时间内，中国移动（香港）公司就顺利完成了从债券发行到上市的过程，并受到投资者追捧。此次80亿元的中国移动债券是国内最大规模的一次发债行动，它具有双重担保，中国移动（香港）公司担保发行人广东移动，中国移动集团公司再担保中国移动（香港）公司，这种方式在国内尚不多见。

二、案例分析

任何一个企业，为了保证其生产经营的正常进行，必须持有一定数量资金。资金筹集既是企业生产经营活动的前提，又是企业再生产顺利进行的保证。同时，筹资也为投资提供了基础和前提，没有资金的筹集，就无法进行资金的投放。资金是企业的血液，为公司及时筹集足够的资金是财务人员工作中首先应解决的问题。案例中，中国移动（香港）公司自成立以来，每年通过大规模的融资计划，为公司的业务发展和资本运作提供了充足的资金来源。

企业在生产运营中所需资金是通过多种方式筹得的。具体包括发行股票、吸收直接投资、留存收益、长期借款、债券筹资、商业信用、融资租赁和国际融资等。其中，发行股票、吸收直接投资和留存收益属于权益性筹资方式；长期借款、债券筹资、商业信用和融资租赁等属于负债筹资。每种筹资方式都有其自身的特点，企业在筹资中应慎重选择。中国移动(香港)公司利用多种多样的融资方式，充分发挥这些筹资方式的优势，以达到筹资方式的优化组合。

有效的筹集资金必须遵循一些原则：一是量力而行。企业在筹资过程中，筹资过多会造成浪费，增加成本，且可能因负债过多到期无法偿还，增加中小企业经营风险；筹资不足又会影响计划中的正常业务发展。因此，企业在筹资过程中，必须考虑需要与可能，做到量力而行。二是筹资成本低。企业筹资成本是决定企业筹资效益的决定性因素，对于选择评价企业筹资方式有着重要意义。因此，企业筹资时，就要充分考虑降低筹资成本的问题。三是以用途决定筹资方式和数量。企业将要筹措的资金有着不同用途。因此，筹措资金时，应根据预定用途正确选择是运用长期筹资方式还是运用短期筹资方式。如果筹集到的资金是用于流动资产的，根据流动资产周转快、易于变现、经营中所需补充的数额较小、占用时间较短等特点，可选择各种短期筹资方式，如商业信用、短期贷款等；如果筹集到的资金，是用于长期投资或购买固定资产的，由于这些运用方式要求数额大，占用时间长，应选择各种长期筹资方式，如发行债券、股票，企业内部积累，长期贷款，信托筹资，租赁筹资等。四是保持对企业的控制权。企业为筹资而部分让出企业原有资产的所有权、控制权，常常会影响企业生产经营活动的独立性，引起企业利润外流，对企业近期和长期效益都有较大影响。如就发行债券和股票两种方式来说，增发股票将会对企业的控制权产生冲击。五是筹资风险低。企业在筹资中，要权衡各种筹资方式的筹资风险，以减少风险损失。

案例 4 鲍德温公司的彩色保龄球投资案

一、案例介绍

鲍德温公司，始建于 1965 年，当时生产美式足球，现在是生产网球、棒球、美式足球和高尔夫球的领先制造商。1973 年，该公司引进了“高速高尔夫球”(high flite)。这是它推出的第一种高质量的高尔夫球。

鲍德温公司的管理层热衷于寻找一切能够带来潜在现金流量的机会。2000 年，鲍德温公司副总裁米德斯先生，发现了另外一个运动球类市场，他认为其大有潜力并且还未被制造商完全占领。这个市场是彩色保龄球市场，他相信许多保龄球爱好者认为外表和时髦的样式比质量更重要。同时他认为，鲍德温公司的成本优势和利用其高度成熟的市场技巧的能力将使竞争者难以从中获利。

因此，从 2001 年下半年，鲍德温公司决定估计彩色保龄球的市场潜力。鲍德温公司向费城、洛杉矶和纽黑文三个市场的消费者发出了问卷。这三组问卷的结果比预想的要好，支持了彩色保龄球能获得 10%～15%的市场份额的结论。当然，鲍德温公司的一些人对市场调查的成本颇有怀疑，因为它达到了 25 万美元。

然而，米德斯先生强调它是一项沉没成本，不应算入项目评价中。无论如何，鲍德温公司现在开始考虑投资生产保龄球的机器设备，保龄球生产将位于一幢靠近洛杉矶的公司拥有的建筑物中。这幢空置的建筑物加土地税后的净价为15万美元。

米德斯先生和他的同事一起分析该提议的新产品。他把他的假定总结如下：保龄球机器设备的成本为10万美元。5年后预计它的市场价值为3万美元。该机器设备在5年的使用寿命时间内的年产量预计如下：5 000单位、8 000单位、1.2万单位、1万单位和6 000单位。第一年的保龄球的价格为20美元。由于保龄球市场具有高度竞争性，米德斯先生认为相对于预测为5%的一般通货膨胀率，保龄球的价格最多每年增长2%。然而，用于制造保龄球的塑胶将很快变得很昂贵。因此，制造过程的现金流出预计每年将增长10%，第一年的制造成本为每单位10美元。米德斯先生已确定，在鲍德温公司的应税收入基础上，保龄球项目适用的累进公司所得税率为34%。

二、案例分析

你或许没有思考过这个问题，然而，财务管理课程和财务会计课程有很大的区别。财务管理通常运用现金流量，而财务会计则强调收入和利润。财务管理中评价投资项目，要对项目产生的现金流量进行贴现。当从整体上评价一个公司时，我们对股利而不是收入进行贴现，因为股利是投资者收到的现金流量。

仅运用现金流量是不够的，只有现金流量的“净增量”才是应该加以运用的。这些现金流量是新投资项目而引发的直接后果——现金流量的变化。也就是说，我们感兴趣的是公司采用项目和不采用项目造成的现金流量的差别。增量现金流量在实际应用中有许多容易犯的错误。

(1) 沉没成本。沉没成本是指已经发生的成本。由于沉没成本是在过去发生的，它并不因接受或摒弃某个项目的决策而改变。正如“过去的就让它过去吧”。我们应该忽略这类成本。

(2) 机会成本。你的公司可能拥有某项资产，它可以在经营中的其他地方用于销售、租赁或雇用。但一旦这项资产用于某个新项目，则丧失了其他使用方式所能带来的潜在收入。这些丧失的收入有充分的理由被看成是成本。因为上马了新项目，公司就丧失了其他利用这项资产的机会，我们称之为机会成本。

(3) 关联效应。决定净增现金流量的另一个困难之处在于所建设项目对公司其他部分的关联效应。最重要的关联效应是“侵蚀”，侵蚀是指来自于顾客和公司其他产品销售的现金流量转移到一个新项目上。

案例5　中美上海施贵宝制药有限公司应收账款管理

一、案例介绍

中美上海施贵宝制药有限公司是中国第一家中美合资制药企业，自1982年成立以来，就不断地进行产品更新换代和技术升级，现已推出近30个品种的心血管类、代谢类、抗生素等处方类治疗药物以及多元维生素、解热镇痛和感冒咳嗽等非处方类药物，在2000年就跻身全国医药工业企业百强榜和全国医药企业文化先进单位，其营业收入和利润指标均居上海医药行业首位。

王小姐通过参加每月一次的经营委员会会议，能全面了解企业的经营和管理情况。对于上海施贵宝制药有限公司这样一个由建设期转入经营期的大型企业来说，财务管理的重点也已由控制成本支出转变为实现销售收入和销售利润这个目标上来。他们认为，在当今市场竞争环境下，利用销售渠道的造血功能比利用银行贷款的输血功能更为有效。为此，公司采取了一系列有效的营销策略：

（1）进行销售预测。首先，由董事会决定企业的经营方针、生产目标，制定5年滚动发展计划。其次，营销部门根据订单和市场需求预测，制定滚动发展的销售计划。再次，生产部门依据销售计划制定月生产计划。最后，将营销部门汇报的市场情况交经营委员会会议讨论，引进特色商品，制定销售策略。

（2）采用商业折扣政策。对于年购货额超过100万元的客户给予一定的批量折扣。如医院的年购货额在100万～150万元，给予商业折扣10%；年购货额在151万～300万元，给予商业折扣12%；301万～600万元，给予商业折扣15%。

（3）在全国各大中城市设立了18个办事处、14个中间分发库，组织了一支130多人的专职销售队伍，其中80%以上都有医药专业知识。

（4）每月对100多家大医院用药情况进行统计，每天有100多名销售代表访问五六处，并写出走访报告。每年从国外请专家给医生作巡回学术报告，出资请国内专家到国外参加国际学术会议。

（5）建立了完善的激励机制，即销售人员的报酬与销售额挂钩，不封顶，每季度公司还要评比销售"十大明星"，年终评比"十佳明星"，给予精神与物质奖励。

（6）对不同药品采取相适应的销售方法。对处方药用直销方法，通过医院开处方销售；对非处方药除直销外，采取代销方法，借助商业渠道，通过药房销售。

营销策略的成功使公司的销售额大幅度上升，以年70%的速度递增，1993年销售额达1 800万元，为公司成立时的20倍之多。

但是，上海施贵宝制药有限公司意识到，一方面，激烈的市场竞争使企业越来越多地赊销以争取更多的客户；另一方面，由于我国市场化程度较低，法制不健全以及由此造成的诚信缺失，企业间相互拖欠货款的现象十分严重，造成企业应收账款数额居高不下，有的企业的长期应收账款已经占到全部销售额的50%以上，形成了账面盈利而实际现金流量不足的局面，使企业面临巨大的商业风险。因此，单纯追求销售收入和销售利润的实现，并不意味着企业财务管理目标的实现。只有在应收账款收回时，销售收入才能转化为现金。如果不能将销售收入迅速变为现金的话，盈利企业也会面临不能偿还到期债务的危机。因此，该公司决定采取积极有效的应收账款管理措施，运用信用政策保证销售收入的真正实现。

在经营委员会会议上，管理部门提出了应收账款管理办法，主要采取如下措施，以确保销售收入的实现：

（1）采用适当的应收账款信用政策。缩短信用期，由60天信用期缩短为30天信用期。实施现金折扣，对提前付款的客户按期限给予一定的优惠，鼓励客户尽早付款。

（2）及时对账。每月用计算机打出客户购货付款清单，及时与客户对账，提醒客户尽早付款清账。

（3）建立客户信用控制制度。给每一个客户建立档案，对客户的购货数量、付款情况做记录。根据资信情况、业务量大小给予客户信用额度。对超过一定时间和信用额度的，停止发货。

(4) 采用一定的收账政策。成立专门的收款队伍，在客户密集省份设立专门收款员，按客户欠款性质不同，采取不同的收账策略，加强应收账款回收工作。

(5) 销售人员的报酬与回收的贷款额挂钩，奖金上不封顶。

王小姐运用所学财务知识，结合公司应收账款管理现状，对上述措施进行了分析和评价，认为公司采取的应收账款管理措施总体上来说是有效的，大量回笼资金不仅可以提高公司的现金流量，而且可以增强公司资产的流动变现能力和偿债能力。但是，在诸多决定应收账款投资水平的因素中，只有赊销信用政策及收账策略才是财务经理控制的决策变量。因此，作为财务经理助理，应该着重研究赊销信用政策及收账策略问题。

关于信用政策的确定问题。王小姐认为，公司虽然采取了一定的现金折扣政策，但是否合适、是否需要调整，却没有一个科学、可行的标准。针对信用期间的确定，王小姐认为，主要应分析改变现行信用期对收入和成本的影响。因为延长信用期会使销售额增加，同时应收账款、收账费用和坏账损失可能会增加，所以，当前者大于后者时，就该延长信用期，否则不宜延长。如果缩短信用期，则与此相反。公司在确定信用期时可通过计算改变信用期所获得的收益与增加的成本相比较来判断是否合适。

对于信用标准，王小姐认为，公司应在建立了客户信用控制制度的基础上，通过建立客户档案，从品质、能力、资本、抵押和条件五个方面来评估其坏账的可能性，并分别给予不同的信用额度。

至于采取什么程度的现金折扣，应与信用期间结合起来考虑，不仅要衡量折扣带来的收益还要计算其成本。

关于收账策略问题。以往应收账款发生后，上海施贵宝有限公司也采取了及时对账、账龄分析、专人催收以及将员工报酬与回收货款挂钩的方法。这些措施反映了公司对应收账款实行的全面控制，而企业的信用风险存在于销售与收款业务流程中的各个环节，从客户开发、订单处理直至货款回收。因此，解决应收账款问题必须采取对整个销售和回款业务流程全面控制的方法进行。

当然，催收账款也会发生费用，某些催收方式的费用还会很高(如诉讼费)。一般来说，收账的花费越大，收账措施越有力，可收回的账款就越多，坏账损失也就越小。因此制定收账策略，也要在收账费用和减少的坏账损失间做出权衡。

王小姐准备就以上几个方面的问题进行更加详细的测算分析，从财务管理的角度提出具有可操作性的办法来。

二、案例分析

我们目前所处的时代，是一个信用发达的时代，也是一个信用很容易破产的时代。经营者们懂得灵活运用信用以取代货币交易，这便刺激了社会生产、销售和消费的大发展，在极短的时间内，提高了整个社会的经济发展水平，加速了经济繁荣。对每个经营者而言，凭借信用来降低生产和进货成本，创造了令人惊羡的业绩，信用对企业而言，有时简直就成为利润的同义词。

然而，信用的发展也不可避免地带来了“三角债”、债务危机等问题，呆账随时可能侵蚀老本的时代已悄然来临。

面对如此现实环境，企业经营者变得患得患失，多卖怕收不回货款，有限制地赊销，虽能减少呆账，但又担心会失去市场。既要确保经营成果，又要避免蒙受呆账损失，这就要求企业的财务主管做好一项重要工作——对应收账款的管理。目的是预防呆账，减少坏账，保全企业经营成果而又不对企业的销售产生重大不良影响。

应收账款之所以能够存在主要是因为市场竞争等因素，企业不得不部分或全部以信用形式进行业务往来。企业之间信用程度的高低，决定了应收账款数额的高低。信用是各种企业经济组织以承诺事后付款为条件来获得产品、服务甚至现金的能力。信用也是一种交换媒介，因为事后付款的承诺并非都靠得住，并且企业持有应收账款也有一定的成本，如何利用好这一媒介，减少应收账款，加速资金回笼，就成了应收账款管理的重要内容。制定合理的信用政策和收账政策，掌握应收账款的动态信息，在应收账款管理中尤为重要。

信用政策包括信用标准、信用期间和现金折扣政策。适当地放宽信用政策，虽然在一定程度上可以促进企业销售规模的扩大，但是，这种持有也会发生一定的代价，或者说发生一定的持有成本，包括管理成本、机会成本和坏账成本。应收账款管理的目标就是在扩大的收益与增加的成本和风险之间权衡，将采用不同信用政策所产生的收益和所花费的成本进行比较，制定最佳的信用政策。

做好应收账款管理，具体应注意以下问题：

(1) 根据企业的实际情况和客观经济环境，制定科学的信用政策，依此指导企业对应收账款的管理。

(2) 控制应收账款的发生规模，使应收账款总额保持最佳水平，控制应收账款的具体发生对象，确保应收账款的及时足额收回。

(3) 注重应收账款的日常监督与分析，以便随时掌握应收账款的基本情况，便于做出有关的决策。

(4) 采取一系列的措施，加强应收账款的收回管理；对于确实无法收回的应收账款，建立一定的坏账注销制度。

案例6 “沃尔玛”降低运输成本的学问

一、案例介绍

沃尔玛公司是世界上最大的商业零售企业，在物流运营过程中，尽可能地降低成本是其经营哲学。

沃尔玛有时采用空运，有时采用海运，还有一些货物采用卡车公路运输。在中国，沃尔玛百分之百地采用公路运输，所以，如何降低卡车运输成本，是沃尔玛物流管理面临的一个重要问题，为此，他们主要采取了以下措施：

(1) 沃尔玛使用一种尽可能大的卡车，大约有16米加长的货柜，比集装箱运输卡车更长或更高。沃尔玛把卡车装得非常满，产品从车厢的底部一直装到最高，这样非常有助于节约成本。

(2) 沃尔玛的车辆都是自有的，司机也是他的员工。沃尔玛的车队大约有5 000名非司机员工，还有 3 700 多名司机，车队每周每一次运输可以达 7 000～8 000公里。

沃尔玛知道，卡车运输是比较危险的，有可能会出交通事故。因此，对于运输车队来说，保证安全是节约成本最重要的环节。沃尔玛的口号是“安全第一，礼貌第一”，而不是“速度第一”。在运输过程中，卡车司机们都非常遵守交通规则。沃尔玛定期在公路上对运输车队进行调查，卡车上面都带有公司的号码，如果看到司机违章驾驶，调查人员就可以根据车上的号码报告，以便于进行惩处。沃尔玛认为，卡车不出事故，就是节省公司的费用，就是最大限度地降低物流成本，由于狠抓了安全驾驶，运输车队已经创造了 300 万公里无事故的纪录。

(3) 沃尔玛采用全球定位系统对车辆进行定位。因此，在任何时候，调度中心都可以知道这些车辆在什么地方，离商店有多远，还需要多长时间才能运到商店，这种估算可以精确到小时。沃尔玛知道卡车在哪里，产品在哪里。就可以提高整个物流系统的效率，有助于降低成本。

(4) 沃尔玛的连锁商场的物流部门，24 小时工作，无论白天或晚上，都能为卡车及时卸货。另外，沃尔玛的运输车队利用夜间进行从出发地到目的地的运输，从而做到了当日下午进行集货，夜间进行异地运输，翌日上午即可送货上门，保证在 15～18 个小时内完成整个运输过程，这是沃尔玛在速度上取得优势的重要措施。

(5) 沃尔玛的卡车把产品运到商场后，商场可以把它整个地卸下来，而不用对每个产品逐个检查，这样就可以节省很多时间和精力，加快了沃尔玛物流的循环过程，从而降低了成本。这里有一个非常重要的先决条件，就是沃尔玛的物流系统能够确保商场所得到的产品是与发货单完全一致的产品。

(6) 沃尔玛的运输成本比供货厂商自己运输产品要低，所以，厂商也使用沃尔玛的卡车来运输货物，从而做到了把产品从工厂直接运送到商场，大大节省了产品流通过程中的仓储成本和转运成本。

沃尔玛的集中配送中心把上述措施有机地组合在一起，作出了一个最经济合理的安排，从而使沃尔玛的运输车队能以最低的成本高效率地运行。

二、案例分析

作为一家零售商业企业，采购、办公、差旅、人力资源省下的成本永远只是小头，而运营和物流费用才是最大的一块。中国的企业，一直以自己的成本控制能力自豪。这种成本控制能力，是通过打开公司的财务报表，逐项地看能再从哪里面榨出些钱来。这种低成本基本上不需投入，效果直接，可称之为“简单低成本”。而沃尔玛是通过对业务模式创新、流程优化、提高员工技能和能动性而达到的低成本，需要持续的投入和改进，是系统性的低成本。天天低价的承诺，有一大部分是源于沃尔玛物流节约的成本。从沃尔玛降低运输成本的每一个做法中可以看出，装满的卡车使资源毫不浪费，可以使每一分支出都有意义；保证安全，保证了商品及时运达商场，及时满足客户的需求，及时形成销售收入，使资金毫不停顿，保证了流动性。更重要的是，只有将商品安全送达，上述目标才能达到。所以，安全的运输是效率的保障。无任何意外发生，就节约了赔偿成本，当然降低了不必要开支的金额，保证了运输的低成本。商场整车卸货也节约了时间，降低了成本，运输途中破损问题几乎不存在，买手们(采购员)的摔箱试验已将损失挡在运输过程之外。

案例 7　朝阳公司杜邦分析体系应用

一、案例介绍

朝阳公司是我国的一家上市公司，在过去的 7 年中，其收益水平不断下降，为了分析经营业绩下降的原因，公司聘请了财务顾问进行咨询，财务顾问首先根据公司历年的财务报表资料，计算并编制了净资产收益率指标构成表。

净资产收益率指标构成表

年份	1998	1999	2000	2001	2002	2003	2004
净资产收益率(%)	50.90	44.69	38.93	20.10	4.40	2.19	0.69
销售净利率(%)	17.01	15.82	16.67	17.27	5.20	2.63	0.93
总资产周转率	1.42	1.18	1.11	0.65	0.57	0.66	0.56
权益乘数	2.10	2.60	1.87	1.72	1.28	1.25	1.38

财务顾问根据净资产收益率指标构成表提供的资料，对引起净资产收益率发生变化的主要因素及其影响程度进行了分析，得出以下结论：从公司的净资产收益率指标构成表可以看出，净资产收益率一路下滑，从 1998 年的 50.90%跌至 2004 年的 0.69%。1999～2000 年，净资产收益率下滑的速度较为缓慢，2001～2002 年下滑的速度很快，2003～2004 年下滑速度趋缓，不过在 2004 年，公司已没有继续下降的空间，否则净资产收益率将降为负值。造成这种状况的原因是销售净利率、总资产周转率、权益乘数都有下降趋势，但下降的时间和程度不尽相同。

1. 销售净利率的分析。

销售净利率在 1998～2001 年之间较为稳定，保持在 15.82%～17.27%之间较高的水平，其中 1999～2001 年还保持微弱上升，因而在 1998～2001 年间，销售净利率不是构成净资产收益率下滑的原因；但从 2002 年开始，销售净利率逐年迅速下降，2004 年跌至历史最低点即 0.93%，因而从 2002 年起，销售净利率是净资产收益率下滑的主要原因。

导致销售净利率下降的主要原因有主营业务收入下降和成本费用上升，同时其他收入如投资收益、营业外收入、补贴收入；其他支出如营业外支出也会影响公司的销售净利率。

2. 总资产周转率的分析。

总资产周转率在 1998 年达到历年最高点，从 1999 年开始下滑，1999 年下滑幅度较大，2000 年下滑幅度趋缓，总的来说，均保持在 1 以上；但 2001 年下滑速度陡然增大，下降幅度接近 50%，从 2001 年起，总资产周转率增长与下降交替变化，但仅保持在 0.56～0.66 之间的较低水平上。由此可见，总资产周转率的变化趋势与净资产收益率的变化趋势大体保持一致，因而构成净资产收益率变化的主要原因。

导致总资产周转率变化的主要因素是各项资产周转率，比如，应收账款周转率、存货周转率、固定资产周转率等。

3. 权益乘数的分析。

权益乘数发生较大变化的时点是2000年，1998～1999年权益乘数保持在2之上的较高水平，因此，不构成净资产收益率下降的主要原因；从2000年起，权益乘数下降到2以下，2002～2003年下降幅度较大，构成净资产收益率下降的主要原因；而在2004年，权益乘数略有上升。

影响权益乘数变化的主要因素有资产负债率、已获利息倍数等。

二、案例分析

单项财务比率的计算与分析，只是对经济主体的偿债能力、资产营运能力、获利能力或成长性等各方面所进行的单方面分析。但对于企业经营者、投资者和其他利益主体而言，财务报表分析的最终目的在于全面、客观地揭示与披露企业的财务状况和经营情况。要达到这样一个分析目的，仅仅分析某些财务指标，或者将一些孤立的财务指标堆垒在一起，彼此毫无联系地观察，显然是不够的，有时甚至可能得出错误的或片面的结论。

因此，我们要对一个企业进行全面、综合的分析和评价，只有将企业的偿债能力、盈利能力和资产营运能力等各项财务比率有机地结合起来，作出系统、深入、综合的评价，才能从总体意义上把握企业财务状况和经营状况。这样，无论是经营者、投资者还是国家有关监督部门都能够从自身利益出发对一个企业进行多角度、多层次的综合分析和评价。

杜邦分析体系正是对企业进行综合分析的财务分析方法，通过把有关财务比率和财务指标以系统分析图的形式联结在一起，对企业财务状况及经济效益进行综合系统分析评价。

首先，作为该系统的核心指标净资产收益率，是一个综合性很强、与企业财务管理目标相关性最大的指标，它由企业的销售净利率、总资产周转率和权益乘数所决定。

其次，资产净利率是影响净资产收益率的重要指标之一，具有较强的综合性，它集中反映了销售、利润及资金周转之间的数量关系，是销售净利率与总资产周转率的乘积。

再次，销售净利率说明了企业净利润与销售收入之间的关系。从销售净利率和资产周转率来看，要提高这两项财务比率，销售收入和净利润是关键。而净利润增加的根本又在于销售数量和质量(即销售利润额)的提高。可见，扩大销售收入，降低成本费用开支，是提高企业销售净利率的根本途径。而企业扩大销售同时也会提高资产周转速度。降低成本、费用也是提高销售净利率的一个重要措施。我们可以从成本费用的构成中看出其结构是否合理，从而找出降低成本、费用的途径和加强成本费用控制的方法。

最后，权益乘数是影响净资产收益率的另一个重要指标，它体现资本结构对企业利润率的影响。在一定的盈利水平下，如果资产总额保持不变，适当的负债经营，可以相应地减少所有者权益所占的比例，从而达到提高净值报酬率的目的。

杜邦分析体系实际上是将比率分析法、比较分析法和因素分析法有机结合的一种综合性的财务分析方法。该方法将企业的各种财务活动、各项财务指标相互联系起来加以综合分析，也就是说，将企业财务活动及财务指标看做是一个大系统，对系统内的相互依存、相互作用的各种因素进行综合分析。从一个企业的发展前途来看，杜邦分析体系是企业改善经营管理、提高获利能力的一种有效分析工具。

从杜邦分析图中能够直接地解释有关重要财务指标的变动原因，揭示有关财务指标的内在联系，从而能够对各项指标进行相互比较分析，引导管理者进行正确的决策分析。从杜邦分析体系可以看出，净资产收益率的大小受销售净利率、资产周转率和权益乘数三个指标值的影响。销售净利率反映了企业所经营产品（或服务）的盈利能力；资产周转率反映了企业资产使用效率的高低，即在相同的产品盈利能力下，企业的盈利水平与资产使用效率成正比关系；权益乘数反映了企业负债经营的程度，也就是企业利用财务杠杆的程度。即在相同的盈利水平下，权益乘数越大（这时资产负债率越高），净资产收益率越高。因此，要提高企业的净资产收益率，不但要有盈利能力强的产品，而且要加速资金周转。

杜邦分析体系的重要用途在于能够反映各项指标的相互关系。学习本案例的目的就是分析引起净资产收益率发生变化的主要因素及其影响程度。案例中，对引起净资产收益率变化的主要因素销售净利率、总资产周转率、权益乘数的变化分析，找到企业近几年经营业绩下滑的主要原因，为企业的进一步优化发展提供有参考价值的信息。

第三部分　思考与练习参考答案

第一章　总　论

一、单项选择题

1	2	3	4	5	6	7	8	9	10
D	D	B	A	B	A	D	C	B	C

【解释】

第 1 题:广义的投资包括对外投资(如投资购买股票、债券、基金,或与其他公司联营、合营等)和内部使用资金(如购置固定资产、无形资产、流动资产等)。狭义的投资仅指对外投资。

因此选择 D。

第 5 题:财务管理经济环境的构成内容包括经济周期、经济发展水平、通货膨胀和经济政策,利率是属于财务管理金融市场环境的。

因此选择 B。

二、多项选择题

1	2	3	4	5
ABCD	BD	ABCD	ABCD	BD

【解释】

第 2 题:公司价值最大化目标的优点主要表现在:考虑了时间价值和风险价值;反映了对公司资产保值增值的要求;有效地规避了短期行为;用价值代替价格,克服了管理上的片面性;有利于社会资源的合理配置。B、D 选项是属于相关者利益最大化目标的优点。

因此选择 AC。

三、判断题

1	2	3	4	5	6	7
×	×	×	√	√	×	×

【解释】

第 1 题:如果资金不能满足公司日常经营需要,还要采取短期借款方式来筹集所需资金,这属于经营活动。

因此答案为×。

第 2 题:公司以购买股票或直接投资的形式向其他公司投资所形成的经济关系是指公司与受资者之间的财务关系。

因此答案为×。

第 7 题:财务管理环境是指对公司财务活动和财务管理产生影响作用的公司各种内部和外部条件的统称。

因此答案为×。

四、简答题

【答题要点】

第 1 题:

(1) 企业的财务活动是以现金收支为主的企业资金收支活动的总称。

(2) 财务活动的四个方面:筹资引起的财务活动、投资引起的财务活动、经营引起的财务活动、分配引起的财务活动。

(3) 上述财务活动的四个方面,不是相互割裂、互不相关的,而是相互联系、互相依存的。正是上述互相联系而又有一定区别的四个方面,构成了完整的企业财务活动,这四个方面也正是财务管理的基本内容:企业筹资管理、企业投资管理、营运资本管理、利润及其分配的管理。

第 2 题:

(1) 企业的财务关系是指企业在组织活动过程中与各有关方面发生的经济关系。

(2) 财务关系的几个方面:企业同其所有者之间的关系,企业同其债权人之间的财务关系,企业同其被投资单位之间的财务关系,企业同其债务人之间的财务关系,企业内部各单位之间的财务关系,企业同职工之间的财务关系,企业同税务机关之间的财务关系。

第 3 题:

(1) 合理性:利润最大化是西方微观经济学的理论基础,西方经济学家以往都以利润最大化这一标准来分析和评价企业的行为和业绩。企业追求利润最大化,就必须讲求经济核算、加强管理、改进技术,提高劳动生产率,降低产品成本,这些措施都有利于资源的合理配置,有利于经济利益的提高。

(2) 局限性:利润最大化目标没有考虑时间价值问题、风险问题、利润与投入资本的关系。利润最大化是基于历史的角度,不能反映企业未来的盈利能力,会使企业的决策具有短期行为倾向。会计处理方法的多样性和灵活性可能导致利润并不能反映企业的真实情况。

第 4 题:

(1) 股东财富最大化目标考虑了现金流量的时间价值和风险因素,因为现金流量获得时间的早晚和风险的高低会对股票价格产生重要的影响。

(2) 股东财富最大化能够在一定程度上克服企业在追求利润上的短期行为,因为股票的价格很大程度上取决于企业未来获取现金流量的能力。

(3) 股东财富最大化反映了资本与报酬的关系,因为股票价格是对每股股票的一个标价。

第二章　资金时间价值

一、单项选择题

1	2	3	4	5	6	7	8	9	10	11	12
A	B	D	C	A	D	D	A	C	D	C	B

【解释】

第 4 题：计算第五年年末的本利和，即求终值，但在每年复利两次的情况下，应用系数(F/P，6%，10)计算，即 $F=10\,000\times(F/P,\ 6\%,10)=10\,000\times1.790\,8=17\,908$(元)。

因此选择 C。

第 5 题：$F=400\times(F/P,\ 5\%,\ 3)+500\times(F/P,\ 5\%,\ 2)+400\times(F/P,\ 5\%,\ 1)=1\,434.29$(元)。第三年年末可以从银行取出 1 434.29 元。

因此选择 A。

第 12 题：先付年金终值 $F=A\times[(F/A,\ i,\ n+1)-1]$，所以先付年金终值系数比后付年金终值系数期数加 1，系数减 1。

因此选择 B。

二、多项选择题

1	2	3	4	5	6
AD	ACD	ABCD	ACD	AB	BC

【解释】

第 1 题：资金时间价值是扣除风险报酬和通货膨胀贴水后的真实报酬率或社会平均资金利润率，也就相当于纯利率，所以 A、D 选项正确，而 B、C 选项没有完全扣除风险和通货膨胀因素，所以不正确。

因此选择 AD。

第 6 题：n 期先付年金与 n 期后付年金付款次数相同，只是付款时间不一样，n 期先付年金现值比 n 期后付年金现值多计息一期，所以 n 期先付年金现值等于 n 期后付年金现值乘以$(1+i)$计算。

因此选择 BC。

三、判断题

1	2	3	4	5	6	7	8	9	10
√	×	√	√	√	√	√	×	×	√

四、计算分析题

1. 解：

根据复利终值的计算公式：

$$F = 123\,600 \times (F/P, 10\%, 7) = 123\,600 \times 1.949 = 240\,896.4(\text{元})$$

由以上计算可知,7 年后这笔存款的本利和为 240 896.4 元,比设备的价格高,故 7 年后利民工厂可以用这笔存款的本利和购买设备。

2. 解:

$$\text{债券的现值}\ P = 1\,000 \times (P/F, 3\%, 4) = 1\,000 \times 0.888 = 888(\text{元})$$

3. 解:

根据后付年金现值的计算公式,购置设备后可节约人工成本的现值:

$P = 15\,000 \times (P/A, 12\%, 8) = 15\,000 \times 4.968 = 74\,520(\text{元})$,小于设备的购置价格 90 000 元,所以该设备不应购置。

4. 解:

根据先付年金现值的计算公式,租用设备的租金现值:

$P = 1\,500 \times (P/A, 8\%, 8) \times (1+8\%) = 1\,500 \times 5.747 \times 1.08 = 9\,310.14(\text{元})$,高于设备的买价 9 000 元,因此该设备应购买。

5. 解:

根据递延年金的现值计算公式:

$$P = 50\,000 \times (P/A, 12\%, 3) \times (P/F, 12\%, 3) = 50\,000 \times 2.402 \times 0.712 = 85\,511.2(\text{元})$$

或 $P = 50\,000 \times (F/A, 12\%, 3) \times (P/F, 12\%, 6) = 50\,000 \times 3.374 \times 0.507 = 85\,530.9(\text{元})$

或

$$\begin{aligned} P &= 50\,000 \times [(P/A, 12\%, 6) - (P/A, 12\%, 3)] \\ &= 50\,000 \times (4.111 - 2.402) = 85\,450(\text{元}) \end{aligned}$$

6. 解:

(1) 根据资本回收额的计算公式:

$$A = \frac{5\,000}{(P/A, 16\%, 8)} = \frac{5\,000}{4.344} = 1\,511(\text{万元})$$

(2) 根据 $5\,000 = 1\,500 \times (P/A, 16\%, n)$ 　可得 $(P/A, 16\%, n) = \dfrac{5\,000}{1\,500} = 3.333$

查年金现值系数表,可知 $n=5$ 时,$(P/A, 16\%, 5) = 3.274$;$n=6$ 时,$(P/A, 16\%, 6) = 3.685$,所以期数在 5～6 之间,利用插值法计算:

$$\frac{n-5}{6-5} = \frac{3.333-3.274}{3.685-3.274} \qquad n = 5.14(\text{年})$$

7. 解:

根据 $250\,000 = 50\,000 \times (F/P, i, 20)$:可得 $(F/P, i, 20) = \dfrac{250\,000}{50\,000} = 5$

查复利终值系数表,可知 $i = 8\%$ 时,$(F/P, i, 20) = 4.661$;$i = 9\%$ 时,$(F/P, i, 20) = 5.604$,所以利率在 8%～9%之间,利用插值法计算:

$$\frac{i-8\%}{9\%-8\%}=\frac{5-4.661}{5.604-4.661} \quad i=8.36\%$$

第三章　风险与报酬

一、单项选择题

1	2	3	4	5	6	7	8	9	10
B	C	A	B	D	C	B	B	B	C

二、多项选择题

1	2	3	4	5	6	7	8	9	10
BC	ABD	AC	CD	AB	AC	AB	BD	ABC	AB

三、判断题

1	2	3	4	5	6	7	8	9	10
√	×	√	×	√	×	√	×	×	√

【解释】

第 2 题：一般来讲，随着资产组合中资产个数的增加，资产组合的风险会逐渐降低，但资产的个数增加到一定程度时，资产组合的风险程度将趋于平稳，这时组合风险的降低将非常缓慢直到不再降低，所以答案为×。

四、计算分析题

1. 解：

(1) 证券组合的 β 系数＝60/100×2＋30/100×1.3＋10/100×0.7＝1.66

(2) 证券组合的风险报酬率＝1.66×(10%－5%)＝8.3%

2. 解：

(1) A 股票的 $\beta>1$，说明该股票所承担的系统风险大于市场投资组合的风险(或 A 股票所承担的系统风险等于市场投资组合风险的 1.5 倍)。

B 股票的 $\beta=1$，说明该股票所承担的系统风险与市场投资组合的风险一致(或 B 股票所承担的系统风险等于市场投资组合的风险)。

C 股票的 $\beta<1$，说明该股票所承担的系统风险小于市场投资组合的风险(或 C 股票所承担的系统风险等于市场投资组合风险的 0.5 倍)。

(2) 甲种投资组合的 β 系数＝1.5×50%＋1.0×30%＋0.5×20%＝1.15

甲种投资组合的风险报酬率＝1.15×(10%－6%)＝4.6%

(3) 乙种投资组合的 β 系数＝3.6%/(10%－6%)＝0.9

乙种投资组合的投资报酬率＝6%＋3.6%＝9.6%

(4) 甲种投资组合的 β 系数(1.15)大于乙种投资组合的 β 系数(0.9)，说明甲投资组合的系统风险大于乙投资组合的系统风险。

3. 解：

(1) 项目 A 的期望投资收益率＝0.2×0.15＋0.6×0.1＋0.2×0＝9%

项目 B 的期望投资收益率＝0.3×0.2＋0.4×0.15＋0.3×(－0.1)＝9%

(2) 项目 A 的标准差＝$\sqrt{0.0024}$＝0.049

项目 B 的标准差＝$\sqrt{0.0159}$＝0.126

(以上计算结果表明项目 B 的风险要高于项目 A 的风险。)

(3) 项目 A 的标准离差率＝0.049÷0.09＝54.4%

项目 B 的标准离差率＝0.126÷0.09＝140%

4. 解：

$R_{甲}$＝6%＋0.8×0.12＝15.6%＜20%；$R_{乙}$＝6%＋2×0.12＝30%＝30%；由此看出甲项目预期报酬率高于投资者要求的报酬率，而乙项目的预期报酬率刚好满足投资者要求的报酬率，虽然乙项目也是可行的项目，但甲乙两项目比较而言，投资者会选择甲项目。

第四章　资 产 定 价

一、单项选择题

1	2	3	4	5	6	7	8	9	10
A	D	C	A	C	C	A	D	A	A

【解释】

第 2 题：D 是强式有效市场的特征。

因此选择 D。

第 3 题：由固定股利增长模型 12＝0.6×(1＋g)÷(11%－g)，得出 g＝5.71%。

因此选择 C。

第 4 题：P = 80 × (P/A, 12%, 5) + 1 000 × (P/F, 12%, 5) = 1 293.76。

因此选择 A。

第 5 题：根据固定股利增长模型，20＝1×(1＋4%)÷(k－4%)得出，k＝9.2。

因此选择 C。

第 6 题：根据固定股利增长模型，V＝2.5×(1＋10%)÷(18%－10%)＝34.38。

因此选择 C。

第 7 题：债券到期收益率是指以特定价格购买债券并持有至到期日所能获得的收益率，即使得未来现金流量(包括利息和本金)，的现值等于债券购入价格的折现率，也就是债券投资的内含报酬率。选项 B 不全面，没有包括本金。选项 C 没有强调出到期日。选项 D 的前提表述不正确，到期收益率对于任何付息方式的债券都可以计算。

因此选择 A。

第 8 题：债券到期收益率是指以特定价格购买债券并持有至到期日所能获得的收益率，平价买入债券，其到期收益率等于票面利率。

因此选择 D。

第 9 题：长期持有股票且股利不变时，股票价值＝股利/投资人要求的必要报酬率，股票预期报酬率＝股利/股票市价，所以当股票市价低于股票价值时，预期报酬率高于投资人要求的最低报酬率。

因此选择 A。

第 10 题：对于折价发行，每年付息的债券，其到期收益率高于票面利率；对于溢价发行，每年付息的债券，其到期收益率小于票面利率；对于平价发行，每年付息的债券，其到期收益率等于票面利率。

因此选择 A。

二、多项选择题

1	2	3	4	5	6	7	8	9	10
ABC	ACD	AD	AB	ABC	ABCD	CD	ABD	ABD	BD

【解释】

第 1 题：如果市场半强式有效，技术分析、基本分析和各种估价模型都是无效的，各种共同基金就不能取得超额收益。并且半强式有效市场没有反映内部信息，所以可以利用非公开信息获取超额收益。因此选择 ABC。

第 2 题：市场有效的条件有三个：理性的投资人、独立的理性偏差和套利行为，只要有一个条件存在，市场就是有效的；理性投资人是假设所有的投资人都是理性的，选项 A 正确；独立的理性偏差是假设乐观的投资者和悲观的投资者人数大体相同，他们的非理性行为就可以相互抵消，选项 B 错误，选项 C 正确；专业的投资者的套利获得，能够控制业务投资者的投机，使市场保持有效，选项 D 正确。因此选择 ACD。

第 3 题：β 系数为负数表明该资产收益率与市场组合收益率的变动方向不一致，选项 A 正确；无风险收益率、市场组合收益率及 β 系数都会影响证券收益，选项 B 错误；投资组合的 β 系数是加权平均的 β 系数，β 系数衡量的是系统风险所以不可分散，因此不能说 β 系数一定会比组合中任一单只证券的 β 系数低，选项 C 错误，选项 D 正确。因此选择 AD。

第 5 题：如果证券的价格变动呈现历史性规律，就可以通过分析历史信息预测证券价格走势，从而获得超额收益，说明市场没有达到弱式有效，所以选项 D 错误。因此选择 ABC。

第 7 题：只要是平价发行债券，无论其计息方式如何，其票面利率与到期收益率一致。所以选项 A、B 不正确。因此选择 CD。

第 10 题：因为债券的面值和票面利率相同，若同时满足两债券的必要报酬率和利息支付频率相同，对于平息溢价发行债券（即分期付息债券），偿还期限越长，表明未来获得的高于市场利率的利息机会多，则债券价值越高，所以选项 A 错误，选项 B 正确；对于溢价发行的债券，加快付息频率，债券价值会上升，所以选项 C 错误；对于溢价发行债券，票面利率高于必要报酬率，所以当必要报酬率与票面利率差额越大，（因债券的票面利率相同）即表明必要报酬率越低，则债券价值应越大。当其他因素不变时，必要报酬率与债券价值是呈反向变动的，所以选项 D 正确。因此选择 BD。

三、判断题

1	2	3	4	5	6	7	8	9	10
×	×	√	×	×	√	√	√	√	√

四、计算分析题

1. 解：

$$P=1\,000\times8\%\times(P/A,10\%,5)+1\,000\times(P/F,10\%,5)=924.28(\text{元})$$

2. 解：

未来现金流入的现值＝现金流出的现值

$$80\times(P/A,i,5)+1\,000\times(P/F,i,5)=1\,000$$

解该方程要用“试误法”。

用 $i=8\%$ 试算：

$$\begin{aligned}&80\times(P/A,8\%,5)+1\,000\times(P/F,8\%,5)\\&=80\times3.992\,7+1\,000\times0.680\,6\\&=1\,000(\text{元})\end{aligned}$$

所以，到期收益率＝8％

3. 解：

$$P=1\,000\times(P/F,10\%,20)$$

或

$$=1\,000/(1+10\%)^{20}=148.6(\text{元})$$

4. 解：

(1) A 债券当前的价格 $=1\,000\times(P/F,8\%,5)=680.6$(元)

B 债券当前的价格 $=80\times(P/A,8\%,5)+1\,000\times(P/F,8\%,5)=1\,000$(元)

C 债券当前的价格 $=100\times(P/A,8\%,5)+1\,000\times(P/F,8\%,5)=1\,079.87$(元)

(2) A 债券 1 年后的价格 $=1\,000\times(P/F,8\%,4)=735$(元)

B 债券 1 年后的价格 $=80\times(P/A,8\%,4)+1\,000\times(P/F,8\%,4)=1\,000$(元)

C 债券 1 年后的价格 $=100\times(P/A,8\%,4)+1\,000\times(P/F,8\%,4)=1\,066.21$(元)

第五章　投资决策基础

一、单项选择题

1	2	3	4	5	6	7	8	9	10	11	12
B	D	A	B	B	C	C	D	B	C	B	D

【解释】

第 2 题：营业利润＝10 000－6 000＝4 000(元)，付现成本＝6 000－1 000＝5 000(元)，所得税＝4 000×25%＝1 000(元)，因此每年的 NCF＝年营业收入－付现成本－所得税＝10 000－5 000－1 000＝4 000(元)

因此选择 D。

第 5 题：内含报酬率是使净现值为 0 时的折现率，即 4.6×(P/A, IRR, 3)－12＝0，(P/A, IRR, 3)＝12÷4.6＝2.609，查表得(P/A, 7%, 3)＝2.624，(P/A, 8%, 3)＝2.577，由内插法得内含报酬率 IRR＝7%＋(8%－7%)×[(2.609－2.624)/(2.577－2.624)]＝7.32%。

因此选择 B。

第 6 题：由内插法得内含报酬率 IRR＝16%＋(18%－16%)×[(0－6.12)/(－3.17－6.12)]＝17.32%。

因此选择 C。

第 7 题：每年的 NCF＝净利润＋折旧＝1.5＋10×10%＝2.5(万元)，所以投资回收期＝初始投资额÷每年 NCF＝10÷2.5＝4(年)

因此选择 C。

第 8 题：选项 A，现金流量的计量使用收付实现制，它以企业实际收到或付出的款项为计算基础，避免了企业因权责发生制而出现的应收应付问题给企业计算收益带来的弊端。现金流量受折旧计提方法等人为因素的影响，可以保证评价的客观性，因此更加可靠。

选项 C，对于独立项目，利用净现值、现值指数、内含报酬率进行评价时，评价结果一般一致。但回收期短的项目，净现值、现值指数、内含报酬率不一定大。

选项 D，平均会计报酬率考虑了整个项目寿命期的全部利润。

因此选择 D。

第 9 题：在其他条件不变的情况下，折现率与净现值呈负相关，内含报酬率是使净现值为 0 的折现率，因此内含报酬率介于 14%～16%。

因此选择 B。

第 10 题：第 3 年年末尚未收回的投资额＝(200＋50)－(100＋100)＝50(万元)，所以静态投资回收期＝3＋50÷100＝3.2(年)

因此选择 C。

第 11 题：在其他条件不变的情况下，折现率越大净现值越小，所以使某投资方案的净现值小于零的折现率，一定大于该投资方案的内含报酬率。

因此选择 B。

二、多项选择题

1	2	3	4	5	6	7	8	9	10	11	12
AB	AC	ABD	AD	ABCD	BCD	ABD	BC	ABCD	BCD	BC	BCD

【解释】

第6题:在评价单一方案可行与否的时候,净现值、内含报酬率、获利指数结论一致。当$NPV>0$时,$PI>1$, $IRR>$资本成本,该项目应予采纳;当$NPV=0$时,$PI=1$, $IRR=$资本成本,没有必要采纳;当$NPV<0$时,$PI<1$, $IRR<$资本成本,应予放弃。而投资回收期短的方案净现值不一定大,因此选择BCD。

第10题:静态投资回收期是反指标,即数值越小越好;净现值、内含报酬率、获利指数是正指标,即数值越大越好。因此选择BCD。

第11题:净现值考虑了资金的时间价值以及项目在整个寿命期内的经济状况,所以选项A错误;净现值在所设的贴现率中包含投资风险报酬率的要求,就能有效地考虑投资风险,所以选项D错误。因此选择BC。

第12题:静态投资回收期属于非贴现指标,不考虑时间价值,只考虑回收期满以前的现金流量,所以选项B、D正确。正由于静态投资回收期只考虑部分现金流量,没有考虑方案全部的流量及收益,所以不能根据投资回收期的长短判断报酬率的高低,所以选项C正确。投资回收期指标能在一定程度上反映项目投资风险的大小,投资回收期越短,投资风险越小,所以选项A错误。因此选择BCD。

三、判断题

1	2	3	4	5	6	7	8	9	10
√	×	√	×	×	√	√	×	√	×

四、计算分析题

1. 解:

(1) A项目的静态投资回收期=1+(5 500−4 000)÷3 500=1.43(年)<2年;B项目的静态投资回收期=2+(3 500−2 200−1 200)÷3 000=2.03(年)>2年,所以应选择A项目。

(2) A项目的净现值=4 000×(P/F, 15%, 1)+3 500×(P/F, 15%, 2)+1 500×(P/F, 15%, 3)−5 500=4 000×0.870+3 500×0.756+1 500×0.658−5 500=1 613(元)

B项目的净现值=2 500×(P/F, 15%, 1)+1 200×(P/F, 15%, 2)+3 000×(P/F, 15%, 3)−5 000=2 200×0.870+1 200×0.756+3 000×0.658−3 500=1 295.2(元)

因为A项目的净现值(1 613元)大于B项目的(1 295.2元),所以应选择A项目。

2. 解:

(1) A方案每年计提的折旧额=10 000÷5=2 000(元),第一年年初净现金流量=−10 000元,第1～5年净现金流量=(6 000−2 000−2 000)×(1−25%)+2 000=3 500(元)

B方案每年计提的折旧额=(12 000−2 000)÷5=2 000(元),每年净现金流量如下表所示:

单位:元

年份	0	1	2	3	4	5
销售收入		8 000	8 000	8 000	8 000	8 000
付现成本		3 000	3 400	3 800	4 200	4 600
折旧		2 000	2 000	2 000	2 000	2 000
税前利润		3 000	2 600	2 200	1 800	1 400
税后净利		2 250	1 950	1 650	1 350	1 050
营业净现金流量		4 250	3 950	3 650	3 350	5 050
初始投资	－12 000					
垫支营运资金	－2 000					
收回营运资金						2 000
净现金流量	－14 000	4 250	3 950	3 650	3 350	7 050

(2) A方案的投资回收期＝10 000÷3 500＝2.86(年);

A方案的平均报酬率＝3 500÷10 000＝35%

A方案的净现值＝3 500×(*P*/*A*, 10%, 5)－10 000＝3 500×3.791－10 000＝13 268.5－10 000＝3 268.5(元)

A方案的获利指数＝13 268.5 ÷10 000＝1.33

A方案的内含报酬率计算如下:

3 500×(*P*/*A*, *IRR*, 5)－10 000＝0,得(*P*/*A*, *IRR*, 5)＝2.85

查表得:(*P*/*A*, 20%, 5)＝2.991, (*P*/*A*, 25%, 5)＝2.689,由内插法得:

IRR＝[(2.85－2.991)÷(2.689－2.991)]×(25%－20%)＋20%＝22.30%

(3) B方案的投资回收期＝3＋(14 000－4 250－3 950－3 650)÷3 350＝3.64(年);

B方案的平均报酬率＝[(4 250＋3 950＋3 650＋3 350＋7 050)÷5]÷(12 000＋2 000)＝31.79%

B方案的净现值＝4 250×(*P*/*F*, 10%, 1)＋3 950×(*P*/*F*, 10%, 2)＋3 650×(*P*/*F*, 10%, 3)＋3 350×(*P*/*F*, 10%, 4)＋7 050×(*P*/*F*, 10%, 5)－14 000＝4 250×0.909＋3 950×0.826＋3 650×0.751＋3 350×0.683＋7 050×0.621－14 000＝16 533.2－14 000＝2 533.2(元)

B方案的获利指数＝16 533.2÷14 000＝1.18

B方案的内含报酬率计算如下:

4 250×(*P*/*F*, *IRR*, 1)＋3 950×(*P*/*F*, *IRR*, 2)＋3 650×(*P*/*F*, *IRR*, 3)＋3 350×(*P*/*F*, *IRR*, 4)＋7 050×(*P*/*F*, *IRR*, 5)－14 000＝0

通过逐步测试得出:

4 250×(*P*/*F*, 16%, 1)＋3 950×(*P*/*F*, 16%, 2)＋3 650×(*P*/*F*, 16%, 3)＋3 350×(*P*/*F*, 16%, 4)＋7 050×(*P*/*F*, 16%, 5)－14 000＝143

4 250×(*P*/*F*, 17%, 1)＋3 950×(*P*/*F*, 17%, 2)＋3 650×(*P*/*F*, 17%, 3)＋3 350×

$(P/F, 17\%, 4)+7\,050\times(P/F, 17\%, 5)-14\,000=-197.5$

由内插法得：$IRR=[(0-143)\div(-197.5-143)]\times(17\%-16\%)+16\%=16.42\%$

(4) 因为A方案的净现值、获利指数、内含报酬率均大于B方案，所以应选择A方案。

第六章　投资项目决策

一、单项选择题

1	2	3	4	5	6	7	8
B	A	B	D	D	C	B	B

【解释】

第1题：年营业现金流量＝税后净利＋折旧＝(100 000－6 000)×(1－25%)＋10 000＝40 000(元)

第5题：账面净值＝40 000－28 800＝11 200(元)，变现损失＝11 200－10 000＝1 200(元)，变现损失抵税＝1 200×25%＝300(元)，现金净流量＝10 000＋300＝10 300(元)

第6题：营业现金流量＝营业收入×(1－税率)－付现成本×(1－税率)＋折旧×税率＝10 000×(1－25%)－6 000×(1－25%)＋1 000×25%＝3 250(元)

第8题：丧失的旧设备变现初始流量＝旧设备变现价值＋变现损失纳税＝30 000＋(32 000－30 000)×25%＝30 500(元)；垫支营运资金＝经营性流动资产－经营性流动负债＝5 000－2 000＝3 000(元)

继续使用该设备初始现金流量＝30 500＋3 000＝33 500(元)

二、多项选择题

1	2	3	4
ABD	ABC	ACD	ABC

三、判断题

1	2	3	4	5	6	7	8
√	×	√	√	×	×	×	×

四、计算分析题

1. 解：

(1) 营运资本投资总额＝90－30＝60(万元)；原始投资额＝200＋25＋60＝285(万元)

(2) 固定资产年折旧额＝200÷5＝40(万元)；无形资产年摊销额＝25÷5＝5(万元)

第1年年初净现金流量＝－原始投资＝－285(万元)

第1～4年净现金流量＝营业净现金流量＝(210－80－40－5)×(1－25%)＋40＋5＝108.75(万元)

第5年净现金流量＝营业净现金流量＋终结点现金流量＝(130－80－40－5)×(1－

25%)+40+5+60=108.75(万元)

(3) 该项目的净现值=108.75×(P/A，10%，5)−285=108.75×3.791−285=131.27(万元)

108.75×(P/A，IRR，5)−285=0,得(P/A，IRR，5)=2.62

查表得:(P/A，25%，5)=2.689，(P/A，30%，5)=2.436

所以该项目的内含报酬率(IRR)=[(2.62−2.689)÷(2.436−2.689)]×(30%−25%)+25%=26.36%

(4) 因为净现值>0,内含报酬率>10%,所以项目可以采纳。

2. 解:

新、旧设备的未来使用期限相同,可采用差额分析法。

旧设备年折旧=[15×(1−10%)]/10=1.35(万元);设备账面净值=15−1.35×5=8.25(万元)< 变现价值 10 万元;所以旧设备变现收入=10−(10−8.25)×25%=9.56(万元)

新设备年折旧=20×(1−10%)/5=3.6(万元)

差量数据如下表所示。

单位:万元

项目	旧设备	新设备	差额
初始投资额	0	20	20
旧设备变价收入	0	9.56	9.56
年销售收入	150	165	15
年付现成本	110	115	5
年折旧额	1.35	3.6	2.25
净残值	1.5	2	0.5

差量初始投资额=−20 万元;第 1~4 年差量净现金流量=15×(1−25%)−5×(1−25%)+2.25×25%=8.06(万元);第 5 年差量净现金流量=8.06+0.5=8.56(万元)

差量净现值=8.06×(P/A，10%，4)+8.56×(P/F，10%，5)−20=8.06×3.170+8.56×0.621−20=10.87(万元)>0

所以该设备应更新。

3. 解:

因新旧设备使用年限不同,应运用考虑货币时间价值的平均年成本比较两者的优劣。

(1) 新设备:

税后营运成本=8 000×(1−40%)−3 200×40%=3 520(元)

新设备的购价为 36 000 元,报废时残值收入 4 200 元,报废时账面残值 4 000 元,因此:

税后残值收入=4 200−(4 200−4 000)×40%=4 120(元)

税后投资净额=[36 000−4 120×(P/F，15%，10)]/(P/A，15%，10)=6 969.86(元)

综上，得：新设备平均年成本＝6 969.86＋3 520＝10 489.86(元)

(2) 旧设备：

每年折旧费为 3 000 元，每年营运成本为 10 500 元，因此：

税后营运成本＝10 500×(1－40%)－3 000×40%＝5 100(元)

旧设备目前变现价值为 10 000 元，目前账面净值为 23 000 元(3 5 000－3 000×4)，资产损失为 13 000 元，可抵税 5 200 元(13 000×40%)。同样，旧设备最终报废时残值收入为 3 500 元，账面残值 5 000 元，报废损失 1 500 元可抵税 600 元(1 500×40%)。因此：

旧设备投资额＝10 000＋(23 000－10 000)×40%＝15 200(元)

旧设备税后残值收入＝3 500＋(5 000－3 500)×40%＝4 100(元)

税后投资净额＝[15 200－4 100×(P/F, 15%, 6)]/(P/A, 15%, 6)＝3 548.40(元)

综上得：旧设备平均年成本＝3 548.40＋5 100＝8 648.40(元)

(3) 上述计算表明，继续使用旧设备的平均年成本为 8 648.40 元，低于购买新设备的平均年成本 10 489.86 元，应采用继续使用旧设备方案。

4. 解：

因新旧设备使用年限不同，应运用考虑货币时间价值的平均年成本比较两者的优劣。

(1) 继续使用旧设备的平均年成本：

每年付现成本的现值＝2 150×(1－30%)×(P/A, 12%, 5)
＝2 150×(1－30%)×3.605＝5 425.53(元)

年折旧额＝(14 950－1 495)÷6＝2 242.50(元)

每年折旧抵税的现值＝2 242.50×30%×(P/A, 12%, 3)
＝2 242.50×30%×2.402＝1 615.95(元)

残值收益的现值＝[1 750－(1 750－14 950×10%)×30%]×(P/F, 12%, 5)
＝[1 750－(1 750－14 950×10%)×30%]×0.567
＝948.87(元)

旧设备变现收益＝8 500－[8 500－(14 950－2 242.50×3)]×30%
＝8 416.75(元)

继续使用旧设备的现金流出总现值＝5 425.53＋8 416.75－1 615.95－948.87
＝11 277.46(元)

继续使用旧设备的平均年成本＝11 277.46÷(P/A, 12%, 5)
＝11 277.46÷3.605
＝3 128.28(元)

(2) 更换新设备的平均年成本：

购置成本＝13 750(元)

每年付现成本现值＝850×(1－30%)×(P/A, 12%, 6)
＝850×(1－30%)×4.111
＝2 446.05(元)

年折旧额＝(13 750－1 375)÷6＝2 062.50(元)

每年折旧抵税的现值＝2 062.50×30%×(P/A, 12%, 6)

=2 062.50×30%×4.111=2 543.68(元)

残值收益的现值=[2 500−(2 500−13 750×10%)×30%]×(*P*/*F*, 12%, 6)

=[2 500−(2 500−13 750×10%)×30%]×0.507

=1 096.39(元)

更换新设备的现金流出总现值=13 750+2 446.05−2 543.68−1 095.39

=12 555.98(元)

更换新设备的平均年成本=12 556.83÷(*P*/*A*, 12%, 6)

=12 556.83÷4.111

=3 054.24(元)

(3) 因为更换新设备的平均年成本(3 054.24 元)低于继续使用旧设备的平均年成本(3 128.28 元),所以应更换新设备。

第七章　长期筹资方式

一、单项选择题

1	2	3	4	5	6	7	8	9	10
D	A	C	B	C	A	D	A	C	C

【解释】

第 3 题:内部筹资渠道主要是企业自留资金。外部筹资渠道主要包括国家财政资金、银行信贷资金、其他金融机构资金、其他企业资金和居民个人资金。

因此选择 C。

第 4 题:选项 A,经营租赁不属于债务资本筹资方式。选项 C,直接租赁是融资租赁的典型形式,这种形式的效果类似于以分期付款方式购买资产,无需贷款者参与。选项 D,售后租回是公司在出售某项设备的同时,按照特定条款从购买者手中租回该项设备,也无需贷款者参与。选项 B,杠杆租赁涉及承租人、出租人和贷款人三方当事人;从承租人的角度,杠杆租赁与其他融资租赁形式并无区别;对出租人来说就有所不同,出租人只支付购买资产所需资金的一部分,其余部分则以该项资产作担保向贷款人借款支付。

因此选择 B。

第 7 题:B 股是以人民币标明面值,但以外币认购和交易,是在境内上市的外资股,不是在境外上市,所以 D 选项错误。

因此选择 D。

二、多项选择题

1	2	3	4	5
AD	ABCD	ABCD	ABD	CD

【解释】

第 1 题:公司债券的利息可在税前支付,从而可以享受税收屏蔽方面的好处,因而其实际负担的资本成本较低,B 选项错误。公司债券利息固定,可以发挥财务杠杆的作用,所以 C 选项错误。

因此选择 AD。

第 4 题:债券代表一种债权债务关系;债券的求偿权优先于股票;债券持有人无权参与公司的经营管理。因此,发行债券筹资不会分散股东对公司的控制权。债券有固定的到期日,并且定期支付利息,发行公司必须承担还本付息的义务,在公司经营不景气时,也需要向投资者支付利息,这会给公司带来更大的财务风险。所以 C 选项错误。

因此选择 ABD。

三、判断题

1	2	3	4	5	6	7	8	9	10
√	×	×	√	×	×	×	×	×	×

【解释】

第 2 题:转换价格,即可转换债券在转换为普通股时,投资者应支付的每股价格。所以转换价格越低,对债券持有者越有利。

因此答案为×。

第 5 题:债券的信用等级只是标志债券质量的优劣,反映债券还本付息能力的强弱和债券投资风险的高低。对投资人而言,债券评级的作用主要体现在:减少投资的不确定性,提高市场的有效性;拓宽投资者眼界,可以帮助一般投资人对特定债券的性质有更广泛和更深入的了解;作为投资者选择投资的标准;作为投资者确定风险报酬的依据。对风险有不同偏好的投资者会选择不同信用等级的公司债券。

因此答案为×。

第 9 题:企业发行债券应当符合下列规定:①股份有限公司的净资产不低于人民币 3 000 万元,有限责任公司的净资产不低于人民币 6 000 万元。②本次发行后累计公司债券余额不超过最近一期末净资产额的 40%;金融类公司的累计公司债券余额按金融企业的有关规定计算。③公司生产经营符合法律、行政法规和公司章程的规定,募集的资金投向符合国家产业政策。④最近 3 个会计年度实现的年均可分配利润不少于公司债券 1 年的利息。⑤债券的利率不超过国务院限定的利率水平。⑥公司内部控制制度健全,其完整性、合理性、有效性不存在重大缺陷。⑦经资信评级机构评级,债券信用级别良好。

存在下列情形之一的,不得发行公司债券:①前一次公开发行的公司债券尚未募足。②对已发行的公司债券或者其他债务有违约或者迟延支付本息的事实,仍处于继续状态。③违反《证券法》规定,改变公开发行债券所募集资金的用途。④最近 36 个月内公司财务会计文件存在虚假记载,或公司存在其他重大违法行为。⑤本次发行申请文件存在虚假记载、误导性陈述或者重大遗漏。⑥严重损害投资者合法权益和社会公共利益的其他情形。

因此答案为×。

第 10 题:债券的发行价格可以等价发行,也可以溢价发行,还允许折价发行。

因此答案为×。

四、计算分析题

1. 解：

（1）增加的资金需要量＝10 000×20%×(50%－15%)＝700(万元)

（2）外部融资需求量＝700－10 000×(1＋20%)×10%×40%＝220(万元)

2. 解：

（1）计算2015年公司需增加的营运资金：

$$流动资产占销售收入的百分比=\frac{10\ 000}{20\ 000}=50\%$$

$$流动负债占销售收入的百分比=\frac{3\ 000}{20\ 000}=15\%$$

增加的资金需要量＝20 000×30%×(50%－15%)＝2 100(万元)

（2）预测2015年需要对外筹集资金量：

增加的留存收益＝20 000×(1＋30%)×12%×(1－60%)＝1 248(万元)

外部融资需求量＝148＋2 100－1 248＝1 000(万元)

3. 解：

$$每年租金=\frac{500-50\times(P/F,10\%,6)}{(P/A,10\%,6)}=108.32(万元)$$

第八章　长期筹资决策

一、单项选择题

1	2	3	4	5	6	7	8	9	10	11	12	13	14	15
C	A	D	B	C	B	C	D	C	D	C	A	B	C	A

【解释】

第6题：在企业的各种资金来源中，资本成本的大小排列顺序一般为普通股＞优先股＞债券＞银行借款，所以资本成本最高的是普通股。

因此选择B。

第9题：因为债务性筹资方式的筹资风险往往要大于权益性筹资方式的筹资风险，所以如果企业的股东或经理人员不愿承担风险，应选择的增资方式是风险较小的权益性筹资方式。

因此选择C。

第13题：根据经营杠杆系数的计算公式：

$$DOL=\frac{基期边际贡献}{基期息税前利润}=\frac{px-bx}{px-bx-a}=\frac{1}{1-\dfrac{a}{(p-b)x}}$$

可以得出与经营杠杆系数同向变动的是固定成本以及单位变动成本。

因此选择 B。

二、多项选择题

1	2	3	4	5
BC	ABC	ABCD	ACD	AB

三、判断题

1	2	3	4	5	6	7	8	9	10	11	12	13	14	15
×	×	×	×	√	×	×	×	√	×	√	√	×	×	√

四、计算分析题

1．解：

根据普通股资本成本的计算公式：

$$K_s=\frac{1.8\times(1+2\%)}{20-2}+2\%=12.2\%$$

2．解：

根据普通股资本成本的计算公式：

$$K_s=\frac{2}{10\times(1-5\%)}+1.5\%=22.55\%$$

根据留存收益资本成本的计算公式：

$$K_e=\frac{2}{10}+1.5\%=21.5\%$$

3．解：

根据银行借款资本成本的计算公式：

$$K_l=\frac{4.2\%\times(1-25\%)}{1-0.05\%}=3.15\%$$

4．解：

$$K_l=\frac{10\%\times(1-30\%)}{1-0.2\%}=7\%$$

$$K_b=\frac{400\times12\%\times(1-30\%)}{400-10}=8.6\%$$

$$K_s=\frac{600\times12\%}{600\times(1-4\%)}+5\%=17.5\%$$

$$K_w=7\%\times\frac{200}{1\ 200}+8.6\%\times\frac{400}{1\ 200}+17.5\%\times\frac{600}{1\ 200}=12.78\%$$

5. 解：

(1) 边际贡献＝5×10 000－3×10 000＝20 000

(2) 息税前利润＝20 000－10 000＝10 000

(3) $DOL_{2007}=\frac{\text{基期边际贡献}}{\text{基期息税前利润}}=\frac{20\,000}{10\,000}=2$

(4) 2007 年息税前利润增长率＝10％×2＝20％

6. 解：

$$\frac{(\overline{EBIT}-20)\times(1-25\%)}{20+10}=\frac{(\overline{EBIT}-20-30)\times(1-25\%)}{20}$$

解得$\overline{EBIT}=110$(万元)

公司预计可实现息税前利润 100 万元，小于每股收益无差别点，因此应选择方案一追加筹资。

第九章　流动资产管理

一、单项选择题

1	2	3	4	5	6	7	8	9	10
D	C	D	B	B	C	B	C	D	D

【解释】

第 1 题：基本经济进货批量模式的确定，是以如下假设为前提的：①企业能够及时补充存货；②企业一定时期的存货需求总量可以较为准确地予以预测；③能集中供货，而不是陆续入库；④存货的价格稳定，且不存在数量折扣；⑤购货所需现金不受限制；⑥不允许出现缺货情形；⑦所需存货市场供应充足，不会因买不到所需存货而影响其他方面。

因此选择 D。

第 4 题：合理的保险储备量是指能使缺货或供应中断损失和储存成本之和最小。保险储备量的计算与缺货成本、存货需求量有关。而延迟的交货期也可以折算为增加的需求量，计算其保险储备量。平均库存量与建立保险储备量无关，但与确定经济批量有关。

因此选择 B。

第 6 题：ABD 与订货次数没有直接关系，属于固定成本；C 与订货次数成正比。

因此选择 C。

第 7 题：最佳现金持有量＝40 000(元)

因此选择 B。

达到最佳现金持有量的全年交易成本＝(200 000÷40 000)×400＝2 000(元)。

第 10 题：信用条件就是指企业接受客户信用订单时所提出的付款要求，主要包括信用期限、折扣期限及现金折扣等。

因此选择 D。

二、多项选择题

1	2	3	4	5
ABD	ABCD	ABC	ACD	ABCD

【解释】

第1题:信用期限是指企业允许客户从购货到支付货款的时间间隔。缩短信用期限可能增加当期现金流量,延长信用期限,可以在一定程度上扩大销售量,增加应收账款的机会成本。

因此选择ABD。

第2题:年变动订货成本=(存货全年需要量/每次进货批量)×每次变动订货成本,所以C为正确。变动性储存成本=(每次进货批量/2)×单位存货的年储存成本,可见B为正确。BC正确则可以说明A正确。由于当年变动储存成本与年变动订货成本相等时,存货总成本为最低,所以能使其相等的采购批量即为经济订货量,D为正确。

因此选择ABCD。

第4题:存货的储存变动成本是指与存货数量相关的成本,包括存货占用资金的应计利息、存货的破损变质损失、存货的保险费用;而紧急额外购入成本属于缺货成本。

因此选择ACD。

三、判断题

1	2	3	4	5	6	7	8	9	10
×	√	√	√	×	√	×	√	√	√

四、计算分析题

1. 解:

(1) 最佳现金持有量$=\sqrt{\dfrac{2\times250\,000\times500}{10\%}}=50\,000$(元)

(2) 全年现金管理总成本$=\sqrt{2\times250\,000\times500\times10\%}=5\,000$(元)

全年现金交易成本$=\dfrac{250\,000}{50\,000}\times500=2\,500$(元)

全年现金持有机会成本$=\dfrac{50\,000}{2}\times10\%=2\,500$(元)

(3) 全年有价证券交易次数$=\dfrac{250\,000}{50\,000}=5$(次)

有价证券交易间隔期$=\dfrac{360}{5}=72$(天)

2. 解:

(1) 计算该企业2001年的下列指标:

① 变动成本总额$=3\,000-600=2\,400$(万元)

② 以销售收入为基础计算的变动成本率$=\dfrac{2\,400}{4\,000}\times100\%=60\%$

(2) 甲、乙两方案收益之差=5 400×(1−60%)−5 000×(1−60%)=160(万元)

(3) 计算甲方案的相关信用成本：

① 应收账款机会成本=$\frac{5\ 000\times45}{360}$×60%×8%=30(万元)

② 坏账成本=5 000×2%=100(万元)

③ 收账费用为 20 万元。

④ 采用甲方案的相关信用成本=30+100+20=150(万元)

(4) 计算乙方案的相关信用成本：

① 应收账款平均收账天数=10×30%+20×20%+90×50%=52(天)

② 应收账款机会成本=$\frac{5\ 400\times52}{360}$×60%×8%=37.44(万元)

③ 坏账成本=5 400×50%×4%=108(万元)

④ 现金折扣成本=5 400×30%×2%+5 400×20%×1%=43.2(万元)

⑤ 收账费用为 50 万元。

⑥ 采用乙方案的相关信用成本=37.44+108+50+43.2=238.64(万元)

(5) 甲、乙两方案成本之差=238.64−150=88.64(万元)

(6) 因为乙方案与甲方案相比，增加的收益大于增加的成本。所以企业应选用乙方案。

3. 解：

(1) 经济订货批量$=\sqrt{\frac{2\times\text{年需要量}\times\text{订货成本}}{\text{单价}\times\text{储存成本百分数}}}$

$=\sqrt{\frac{2\times30\ 000\times60}{100\times30\%}}$

$=\sqrt{120\ 000}$=346=300(单位)

(2) 再订货点=平均日需求×订货天数+安全储备量

$=\frac{30\ 000}{360}$×15+750=2 000(单位)

第十章　流动负债管理

一、单项选择题

1	2	3	4	5	6	7	8	9	10
B	A	C	A	D	D	A	D	C	D

二、多项选择题

1	2	3	4	5
AC	AB	ABC	AB	BD

三、判断题

1	2	3	4	5	6	7	8	9	10
√	×	√	×	√	√	×	√	×	√

四、简答题

【答题要点】

第1题:商业信用融资的优点:

(1) 使用方便。因为商业信用与商品买卖同时进行,属于一种自发性筹资,不用进行非常正规的安排,而且不需办理手续,一般也不附加条件,使用比较方便。

(2) 成本低。如果没有现金折扣,或公司不放弃现金折扣,则利用商业信用筹资没有实际成本。

(3) 限制少。商业信用使用灵活且具有弹性。如果公司利用银行借款筹资,银行往往对贷款的使用规定一些限制条件,商业信用则限制较少。

商业信用融资的缺点:

主要缺点是商业信用的时间一般较短,尤其是应付账款,不利于公司对资本的统筹运用,如果拖欠,则有可能导致公司信用地位和信用等级下降。另外,如果公司取得现金折扣,则付款时间会更短,而要放弃现金折扣,则公司会付出较高的资金成本。而且,在法制不健全的情况下,若公司缺乏信誉,容易造成公司之间互相拖欠,影响资金运转。

第2题:银行短期借款的优点:

(1) 银行资金充足,实力雄厚,能随时为企业提供比较多的短期贷款。对于季节性和临时性的资金需求,采用银行短期借款尤为方便。而那些规模大、信誉好的大企业,更可以比较低的利率借入资金。

(2) 银行短期借款具有较好的弹性,可在资金需要增加时借入,在资金需要减少时还款。

银行短期借款的缺点:

(1) 资金成本较高。采用短期借款成本比较高,不仅不能与商业信用相比,与短期融资券相比也高出许多。而抵押借款因需要支付管理和服务费用,成本更高。

(2) 限制较多。向银行借款,银行要对企业的经营和财务状况进行调查以后才能决定是否贷款,有些银行还要对企业有一定的控制权,要企业把流动比率、负债比率维持在一定的范围之内,这些都会构成对企业的限制。

第3题:信用额度是商业银行与企业之间商定的在未来一段时间内银行能向企业提供无担保贷款的最高限额。信用额度一般是在银行对企业信用状况详细调查后确定的,一般要规定信用额度的期限、信用额度的数量、应支付的利率和其他一些条款。

循环协议借款是一种特殊的信用额度借款,在此借款协议下,企业和银行之间也要协商确定贷款的最高限额,在最高限额内,企业可以借款、还款,再借款、再还款,不停地周转使用。

循环协议借款与信用额度借款的区别主要在于:

(1) 持续时间不同。信用额度的有限期一般为1年,而循环贷款可超过1年,只要银行和企业之间遵照协议进行,贷款可一再延长。

(2) 法律约束力不同。信用额度制一般不具有法律的约束力,不构成银行必须给企业提供贷款的法律责任,而循环贷款协议具有法律约束力,银行要承担限额内的贷款义务。

(3) 费用支付不同。企业采用循环协议贷款,除支付利息外,还要支付协议费。在信用额度借款的情况下,一般无须支付协议费。

第4题:短期融资券筹资的优点:

(1) 短期融资券筹资的成本低。在采用短期融资券筹资时,筹资者与投资者直接往来,绕开了银行中介,节省了一笔原应付给银行的筹资费用。

(2) 短期融资券筹资数额比较大。银行一般不会向企业贷放巨额的流动资金借款,对于需要巨额资金的企业,短期融资券这一方式尤为适用。

(3) 短期融资券能提高企业的信誉。由于能在货币市场上发行短期融资券的公司都是著名的大公司,因而一家公司如果能在货币市场上发行自己的短期融资券,就说明该公司的信誉很好。

短期融资券筹资的缺点:

(1) 发行短期融资券的风险比较大。短期融资券到期必须归还,一般不会有延期的可能。到期不归还,会产生严重后果。

(2) 发行短期融资券的弹性比较小。只有当企业的资金需求达到一定数量时才能使用短期融资券,如果数量小,则不宜采用短期融资券方式。另外,短期融资券一般不能提前偿还,因此,即使公司资金比较宽裕,也要到期才能还款。

(3) 发行短期融资券的条件比较严格。并不是任何公司都能发行短期融资券,必须是信誉好、实力强、效益高的企业才能使用,而一些小企业或信誉不太好的企业则不能利用短期融资券来筹集资金。

五、计算分析题

1. 解:

$$资金成本=\frac{2\%}{1-2\%}\times\frac{360}{40-10}=24.49\%$$

2. 解:

$$采取收款法实际利率=名义利率=7\%$$

$$采取贴现法时实际利率=\frac{100\ 000\times6\%}{100\ 000\times(1-6\%)}=6.38\%$$

$$采取补偿性余额实际利率=\frac{100\ 000\times5\%}{100\ 000\times(1-10\%)}=5.56\%$$

$$采取加息法实际利率=\frac{100\ 000\times4\%}{100\ 000\div2}=8\%$$

四者比较,采取补偿性余额实际利率最低,因此应选用方案三。

3. 解:

(1) 放弃现金折扣的机会成本$=\frac{2\%}{1-2\%}\times\frac{360}{40-10}=24.49\%$

(2) 应借款总额 $=\frac{495\,000}{1-20\%}=618\,750$(元)

借款的实际年利率 $=\frac{8\%}{1-20\%}=10\%$

(3) 应借款总额 $=\frac{495\,000}{1-1\%}=500\,000$(元)

借款的实际月利率 $=\frac{1\%}{1-1\%}=1.01\%$

借款的实际年利率 $=1.01\%\times 12=12.02\%$

(4) 方案 2 的成本最小,应该选择方案 2。

第十一章　成本控制管理

一、单项选择题

1	2	3	4	5	6	7	8	9	10	11	12	13	14	15	16
C	C	B	C	B	C	C	A	D	B	B	B	D	D	D	B

【解释】

第 2 题:成本管理的意义主要体现在:①通过成本管理降低成本,为企业扩大再生产创造条件;②通过成本管理增加企业利润,提高企业经济效益;③通过成本管理能帮助企业取得竞争优势,增强企业的竞争能力和抗压能力。成本管理并不会直接提高销售收入,所以选项 C 正确。

第 5 题:批次作业是指使一批产品受益的作业,作业的成本与产品的批次数量成正比,如设备调试、生产准备等作业活动,所以选项 B 正确;选项 A 属于单位作业,选项 C 属于支持作业,选项 D 属于产品作业。

第 6 题:成本动因可分为资源动因和作业动因,资源动因是将资源分配到作业的基础,作业动因是将作业成本分配到产品的基础。所以,选项 C 是正确的。

第 7 题:单位作业是使单位产品受益的作业,作业的成本与产品的数量成正比;批次作业是使一批产品受益的作业,作业的成本与产品的批次数量成正比;产品作业是使某种产品的每个单位都受益的作业;支持作业是维持企业正常生产,使所有产品都受益的作业,与产品的数量无相关关系。

第 8 题:增值作业是指那些顾客认为可以增加其购买的产品或服务的有用性,有必要保留在企业中的作业,一项作业必须同时满足选项 B、C、D 所述的三条标准才是增值作业,而 A 选项并不属于其判断标准。

二、多项选择题

1	2	3	4	5	6	7	8
AB	AC	ABD	AD	BC	ABD	ABD	BC

【解释】

第 5 题：直接材料的价格标准通常采用企业编制的计划价格，它通常是以订货合同的价格为基础，并考虑到未来物价、供求等各种变动因素后按材料种类分别计算的，所以 A 选项不正确；制造费用的用量标准即工时用量标准，其含义与直接人工用量标准相同，所以 D 选项不正确。

第 6 题：人工用量标准即工时用量标准，它是指在现有的生产技术条件下，生产单位产品所耗用的必要的工作时间，包括对产品直接加工工时、必要的间歇或停工工时，以及不可避免的废次品所耗用的工时等。管理不善造成的多加工工时不是生产产品所必须耗用的工时，所以不应包括在人工用量标准中。

第 7 题：材料的用量标准是指在现有生产技术条件下，生产单位产品所需的材料数量，它包括构成产品实体的材料和有助于产品形成的材料，以及生产过程中必要的耗损和难以避免的损失所耗用的材料。所以选项 A、B、C 都是正确的。D 选项非正常损失耗用的材料不属于生产单位产品所需的材料数量。

三、判断题

1	2	3	4	5	6	7	8	9	10
×	×	√	×	×	√	×	√	√	√

四、计算与分析题

1.

(1) 单位产品的变动制造费用标准成本＝1.6×4＝6.4(元/件)

(2) 单位产品的固定制造费用标准成本＝1.6×6.4＝10.24(元/件)

2.

(1) A 产品材料费用的标准单位成本＝8×17＝136(元/件)

(2) B 产品材料费用的标准单位成本＝4×17＝68(元/件)

3.

(1) 乙产品标准工资率＝420 000÷21 000＝20(元/小时)

(2) 乙产品直接人工标准成本＝20×2＝40(元/件)

第十二章 股 利 分 配

一、单项选择题

1	2	3	4	5	6	7	8	9	10
B	D	A	B	D	C	D	C	D	B

【解释】

第 1 题：最主要的是确定股利的支付比率，即用多少盈余发放股利，多少盈余为公司所留用，因为这可能会对公司股票的价格产生影响。

因此选择 B。

第 3 题：处于经营收缩的公司，资金的需求量不大，因此多采取高股利政策，以防止造成资金的闲置。

因此选择 A。

第 4 题：主要依靠股利维持生活的股东，往往要求支付稳定的股利，选项 A、C 的股利都不稳定，不是答案；选项 B 的股利稳定性要高于选项 D。

因此选择 B。

第 5 题：低正常股利加额外股利政策能够增强股东对公司的信心，有利于稳定股票的价格。

因此选择 D。

第 8 题：有权领取股利的股东有资格登记截止日称为股权登记日。

因此选择 C。

第 9 题：公司采用剩余股利政策进行利润分配的根本理由是为了保持理想的资本结构，使加权平均资金成本达到最低。

因此选择 D。

第 10 题：企业积累要求企业必须先按照净利润的一定比例提取法定盈余公积金。

因此选择 B。

二、多项选择题

1	2	3	4	5
ABCD	ABCD	ABCD	ABCD	AB

【解释】

第 3 题：股利无关论认为股利分配对公司的市场价值不产生影响。这一理论建立在这样一些假定之上：①不存在个人或公司所得税；②不存在股票的发行和交易费用(既 不存在股票筹资费用)；③公司的投资决策与股利决策彼此独立(即投资决策不受股利分配的影响)；④公司的投资者和管理当局可相同地获得关于未来投 资机会的信息。

因此选择 ABCD。

三、判断题

1	2	3	4	5	6	7	8	9	10
×	×	×	×	×	×	×	×	×	×

第十三章　财务管理方法

一、单项选择题

1	2	3	4	5	6	7	8	9	10	11	12	13
A	B	D	B	B	C	B	D	C	C	A	B	B

【解释】

第 1 题:企业投资者进行财务分析的根本目标是关心企业的盈利能力。

因此选择 A。

第 2 题:总资产报酬率是指息税前利润与平均总资产之间的比率。

因此选择 B。

第 3 题:净资产收益率是反映盈利能力的核心比率。

因此选择 D。

第 4 题:股利发放率的计算公式是每股股利÷每股市价。

因此选择 B。

第 5 题:反映资产占用与收入之间关系的指标是流动资产周转率。

因此选择 B。

第 6 题:如果流动比率大于 1,表示流动资产大于流动负债。

因此选择 C。

第 7 题:股东权益比率与资产负债率指标之和等于 1。

因此选择 B。

第 8 题:资本积累率属于增长率指标。

因此选择 D。

第 9 题:杜邦财务分析体系的核心指标是净资产收益率。

因此选择 C。

第 10 题:社会贡献率指标是政府管理者最关心的指标。

因此选择 C。

二、多项选择题

1	2	3	4	5	6	7
ABCDE	CD	AB	ACE	ABDE	ABCD	ACD

【解释】

第 2 题:反映盈利能力的指标有净资产收益率与成本利润率,利息保障倍数衡量偿债能力,营业利润与净利润不能衡量盈利能力。

因此选择 CD。

第 3 题:反映企业短期偿债能力的指标有流动比率与速动比率,资产负债率、净资产负债率、已获利息倍数衡量长期偿债能力。

因此选择 AB。

三、判断题

1	2	3	4	5	6	7	8	9	10
×	√	×	√	×	√	√	×	√	√

【解释】

第 1 题:运用差额计算法进行因素分析需要考虑因素的替代顺序问题。

第 3 题：如果企业不存在优先股时，二者是相同的。

第 5 题：对债权人而言，增长能力同样是至关重要的，因为企业偿还债务主要是依靠未来的盈利能力。

第 8 题：只有发行稀释性的普通股时对每股收益指标进行调整，优先股不是稀释性的普通股。

四、计算分析题

1. 解：

$$平均存货=60\times(3-2.5)=30(万元)$$
$$存货周转率=80\div30=2.7$$

2. 解：

（1）应收账款周转次数＝360÷40＝9(次)

应收账款＝1 500 000÷9＝166 667(元)

（2）$流动比率=\frac{150\ 000+166\ 667+存货}{流动负债}=3$

$速动比率=\frac{150\ 000+166\ 667}{流动负债}=2$

可见，存货＝158 333 元，流动负债＝158 333(元)

（3）流动资产＝158 333×3＝475 000(元)

（4）总资产＝475 000＋425 250＝900 250(元)

（5）资产负债率＝(158 333＋200 000)÷900 250＝40％

3. 解：

（1）期初存货＝期末存货＝31 5 000÷4.5＝70 000(元)

（2）应收账款净额＝432 000－294 000－70 000－25 000＝43 000(元)

（3）流动负债＝(432 000－294 000)÷1.5＝92 000(元)

则：应付账款＝92 000－25 000＝67 000(元)

（4）长期负债＝432 000×50％－92 000＝124 000(元)

（5）未分配利润＝216 000－20 000＝16 000(元)

4. 解：本年各季度的现金收入，如表所示：

项目	1 季度	2 季度	3 季度	4 季度	全年
销售单价	200	200	200	200	200
销售量(件)	250	300	400	350	1 300
销售收入	50 000	60 000	80 000	70 000	260 000
收到当季销货款	30 000	36 000	48 000	42 000	156 000
收到上季应收账款	20 000	20 000	24 000	32 000	96 000
现金收入	50 000	56 000	72 000	74 000	252 000

5. 解:编制3月,4月的现金预算,如表所示:

项目	3月	4月
期初现金余额	50 000	50 000
加:现金收入	120 000	190 000
减:现金支出		
购原材料	140 000	140 000
工资	15 000	15 000
租金	5 000	5 000
其他费用	2 000	3 000
税金	—	80 000
现金支出合计	162 000	243 000
现金多余或不足	8 000	−3 000
从银行借款	42 000	53 000
期末现金余额	50 000	50 000

第四部分　模拟试题及参考答案

《财务管理》模拟试题（一）

得分	

一、单项选择题（本大题共10小题，每小题1分，共10分）

1	2	3	4	5	6	7	8	9	10	11	12	13	14	15

1. 下列活动中，属于筹资引起的财务活动是（　　）。

A. 购买股票　　B. 支付广告费用

C. 发行债券　　D. 分配股利

2. 已知某种证券的β系数等于1，则表明该证券（　　）。

A. 无风险

B. 有非常低的风险

C. 与证券市场上所有证券平均风险一致

D. 比证券市场上所有证券平均风险高一倍

3. 在其他条件不变的情况下，如果企业的负债比例增加，则财务杠杆系数将会（　　）。

A. 保持不变　　B. 增大

C. 减小　　D. 变化但方向不确定

4. 下列各项中，属于发行公司债券筹资缺点的是（　　）。

A. 资本成本较高　　B. 财务风险较高

C. 分散公司股东控制权　　D. 不利于调整资本结构

5. 下列各项中不会影响公司债券价格变化的是（　　）。

A. 债券的面值　　B. 债券的到期时间

C. 债券的票面利率　　D. 债券的发行主体

6. 当经营杠杆和财务杠杆系数都为1.5时，联合杠杆系数为（　　）。

A. 3　　B. 2.25

C. 1.5　　D. 0.75

7. 甲公司股票每年支付股利1.2元，若必要报酬率为12%，则该公司股票的价值为（　　）元。

A. 20
B. 40
C. 10
D. 60

8. 信用条件“2/10，n/30”表示(　　)。

A. 信用期限为 10 天,折扣期限为 30 天
B. 如果在开票后 10～30 天内付款可享受 2%的折扣
C. 信用期限为 30 天,现金折扣为 20%
D. 如果在 10 天内付款,可享受 2%的现金折扣

9. 采用 ABC 分类管理法对存货进行管理时,应当重点管理的是(　　)。

A. 数量较多的存货
B. 占用资金较多的存货
C. 品种较多的存货
D. 库存时间较长的存货

10. 领取股利的权利与股票分开的日期是(　　)。

A. 股权登记日
B. 除息日
C. 股利宣告日
D. 股利发放日

得分	

二、多选题(本大题共 5 小题、每小题 1 分、共 5 分)

1	2	3	4	5

1. 下列各项因素中,引起的风险属于非系统性风险的有(　　)。

A. 国家税法变化引起的风险
B. 公司经营决策失误引起的风险
C. 货币政策变化引起的风险
D. 公司投资失败引起的风险

2. 下列关于优先股的说法中,正确的有(　　)。

A. 具有优先分配股利的权利
B. 可以优先分配公司的剩余财产
C. 股利一般固定
D. 享有经营管理的优先表决权

3. 营业现金流量的计算方法有(　　)。

A. 营业现金流量=营业收入-付现成本-所得税
B. 营业现金流量=税后利润+折旧
C. 营业现金流量=税后收入-税后成本-税负减少
D. 营业现金流量=税后收入-税后成本+税负减少

4. 下列关于短期融资政策的说法中,正确的有(　　)。

A. 配合型融资政策可降低公司不能偿还到期债务的风险
B. 激进型融资政策是一种收益高、风险大的融资政策
C. 稳健型融资政策下,临时性流动负债满足临时性流动资产和长期资产的需要

D. 稳健型融资政策是一种风险低、报酬低的融资政策

5. 下列各项中属于与存货经济订货批量相关的有( )。

A. 存货单价　　　　B. 单位储存成本

C. 订货提前期　　　　D. 年度计划存货总需要量

得分	

三、判断题(本大题共 10 小题、每小题 1 分、共 10 分)

1	2	3	4	5	6	7	8	9	10

1. 经济订货批量是使企业存货的订货成本、储存成本之和最低的进货批量。 ( )

2. 存货管理的目标是在存货成本与存货收益之间进行权衡,达到两者的最佳结合。 ( )

3. 赊销是扩大销售有力手段之一,企业应尽可能放宽信用条件,增加赊销量。 ( )

4. 风险和报酬之间的关系是风险越大,所要求的报酬也越高。 ( )

5. 没有财务风险的企业也就没有经营风险。 ( )

6. 当一个方案净现值大于零时,其获利指数必定大于 1。 ( )

7. 债券的价值随市场利率的变化而变化。当市场利率上升时,债券价值下降,当市场利率下降时,债券价值会上升。 ( )

8. 通过发行股票筹资,可以不付利息,因此,其成本比借款筹资的成本低。 ( )

9. 经营杠杆并不是经营风险的来源,而只是放大了经营风险。 ( )

10. 最佳资本结构是使企业筹资能力最强、财务风险最小的资本结构。 ( )

得分	

四、计算分析题(本大题共 7 小题:第 1 小题 5 分、第 2~7 小题每小题 10 分、共 65 分)

1. 昌盛公司连续 6 年向银行借入资金 20 000 元,银行贷款年利率为 5%。

要求:计算昌盛公司 6 年借款的现值。

2. 股票 M 的 β 系数为 2.0,市场组合报酬率为 16%,必要报酬率为 24%。如果股票 N 的 β 系数为 1.6。

要求:计算其必要报酬率是多少?

3. 某企业目前拥有资本 1 000 万元,其资本结构为:债务资本 20%(年利息为 20 万元),普通股股本 80%(发行普通股 10 万股,每股面值 80 元)。现准备追加筹资 400 万元,有两种筹资方案可供选择:

方案一:全部发行普通股,每股面值 80 元,增发 5 万股;

方案二:全部筹措长期债务,利率为 10%,每年利息 40 万元。

企业追加筹资后,预计可实现息税前利润 160 万元,所得税税率为 33%。

要求:计算该企业每股收益无差别点并进行筹资决策。

4. 假设企业有一笔 4 年后到期的借款,到期值为 200 万元。若存款年利率为 10%。

要求：计算为偿还该借款应建立的偿债基金。

5. 某公司准备购入一设备以扩充生产能力。现有甲、乙两个方案可供选择，甲方案需投资 20 000 元，使用寿命为 5 年，采用直线法计提折旧，5 年后设备无残值。5 年中每年销售收入为 8 000 元，每年的付现成本为 3 000 元。乙方案需投资 24 000 元，采用直线法计提折旧，使用寿命也为 5 年，5 年后有残值收入 4 000 元，5 年中每年的销售收入为 10 000 元，付现成本第一年为 4 000 元，以后随着设备陈旧，逐年将增加修理费 200 元，另需垫支营运资金 3 000 元。假设所得税率为 40%，资金成本为 10%。

要求：

(1) 计算两个方案的现金流量。

(2) 计算两个方案的获利指数，并作出两方案是否可行的决策。

6. 东方公司准备投资购买西部公司的股票，该股票上年每股股利为 2 元，预计以后每年以 4%的增长率增长，东方公司经分析后，认为必须得到 10%的报酬率，才能购买西部公司的股票。

要求：计算该种股票的内在价值。

7. 已知：某公司现金收支平稳，预计全年现金需要量为 360 000 元，现金与有价证券的转换成本为每次 300 元，有价证券年平均报酬率为 6%。

要求：

(1) 计算最佳现金持有量。

(2) 计算最低现金管理相关总成本。

(3) 计算现金年最佳转换次数。

得分	

五、简答题（本大题共 2 题、每小题 5 分、共 10 分）

1. 简述年金的概念和种类。

2. 简述在投资决策中使用现金流量的原因。

《财务管理》模拟试题(二)

得分	

一、单项选择题(本大题共10小题,每小题1分,共10分)

1	2	3	4	5	6	7	8	9	10

1. 财务管理的内容不包括(　　)。

A. 筹资管理　　B. 投资管理

C. 股利分配管理　　D. 会计账务处理

2. 公司财务管理的对象是(　　)。

A. 资金及其运动　　B. 各项有形资产

C. 各项无形资产　　D. 有形资产和无形资产之和

3. A方案在3年中每年年初付款5 000元,B方案在3年中每年年末付款5 000元,若利率为10%,则两个方案第3个年末时的终值相差(　　)元。

A. 1 050　　B. 1 655　　C. 6 655　　D. 5 050

4. 若两个投资项目的预期报酬率相同,但其概率分布不同,则这两个项目(　　)。

A. 风险相同　　B. 风险不同

C. 方差相同　　D. 标准离差相同

5. 下列因素引起的风险,企业可以通过多角化投资予以分散的是(　　)。

A. 市场利率上升　　B. 社会经济衰退

C. 生产技术革新　　D. 通货膨胀

6. 获利指数(　　)说明该项目具有正的净现值,对企业有利。

A. 大于0　　B. 小于0　　C. 大于1　　D. 小于1

7. 投资者在购买债券时,可以接受的最高价为(　　)。

A. 出卖市价　　B. 风险价值　　C. 内在价值　　D. 票面价值

8. 当市场利率等于票面利率时,债券采用的发行方式是(　　)。

A. 平价发行　　B. 溢价发行　　C. 折价发行　　D. 市价发行

9. 下列各项中,不影响经营杠杆系数的是(　　)。

A. 产品销售数量　　B. 产品销售价格

C. 固定成本　　D. 利息费用

10. 容易造成公司股利支付与公司盈利想脱离的股利政策是(　　)。

A. 剩余股利政策　　B. 固定股利政策

C. 固定股利支付率政策　　D. 低正常加额外股利政策

得分	

二、多项选择题(本大题共5小题、每小题1分、共5分)

1	2	3	4	5

1. 下列属于财务管理宏观环境的有(　　)。

A. 经济环境　　B. 法律环境

C. 金融市场环境　　D. 企业组织结构

2. 递延年金具有的特点是(　　)。

A. 首期没有款项的收付

B. 递延年金终值的计算公式与普通年金终值的计算公式相同

C. 递延年金没有现值

D. 递延年金没有终值

3. 风险与报酬的关系可表述为(　　)。

A. 风险与报酬成正比　　B. 风险与报酬成反比

C. 风险越大,要求的报酬越高　　D. 风险越小,要求的报酬越低

4. 按照资本资产定价模型,影响股票必要收益率的因素有(　　)。

A. 无风险收益率　　B. 平均风险股票的收益率

C. 股票的贝塔系数　　D. 财务杠杆系数

5. 相对股票投资而言,债券投资的优点有(　　)。

A. 收入稳定　　B. 投资收益高

C. 本金安全性高　　D. 拥有管理权

得分	

三、判断题(本大题共10小题、每小题1分、共10分)

1	2	3	4	5	6	7	8	9	10

1. 一般来讲,当某种存货品种数量比重超过70%左右时,应将其划为A类存货进行重要管理。(　　)

2. 订货提前期对经济订货批量的确定并没有影响,只是改变了订货周期。(　　)

3. 年金是指一定时期内每隔相同时间支付的款项。(　　)

4. 在运用资本资产定价模型时,某资产的β值小于零,说明该资产的系统风险小于市场平均风险。(　　)

5. 现金流量是以收付实现制为基础的。(　　)

6. 当债券票面利率大于市场利率时,债券发行时的价格低于债券的面值。(　　)

7. 如果不考虑影响股价的其他因素,股利恒定的股票价值与投资者要求的必要报酬率

成反比，与预期股利成正比。（　　）

8. 在市场经济条件下，企业举债会增加财务风险，因此企业应尽量少举债。（　　）

9. 由于经营杠杆的作用，当息税前利润下降时，普通股每股收益会下降得更快。（　　）

10. 无论是经营杠杆系数变大，还是财务杠杆系数变大，都可能导致企业的联合杠杆系数变大。（　　）

得分	

四、计算分析题（本大题共 7 小题：第 1 小题 5 分、第 2～7 小题每小题 10 分、共 65 分）

1. 向银行借入一笔款项，银行贷款的年利率为 12%，前 3 年不用付款，后 3 年每年年末需要向银行偿付本息 50 000 元。

要求：计算这笔借款的现值。

2. 某企业面临一投资机会，现有两个可供选择的方案，根据市场预测，两方案在不同市场状况下的预计报酬率及概率资料如下表所示。

投资项目的预计报酬率及概率分布

市场状况	概率	预计报酬率	
		A 项目	B 项目
繁荣	0.3	30%	25%
一般	0.4	15%	15%
衰退	0.3	0	5%

要求：假设该公司所处行业的风险报酬系数为 8%，无风险报酬率为 5%，试计算各方案的必要报酬率。

3. 大华公司拟拓展业务，现有甲、乙两个项目可供选择。甲项目需投资180 000元，使用寿命为 5 年，采用直线法折旧，5 年后设备无残值，5 年中每年销售收入为 130 000 元，每年的付现成本为 50 000 元；乙项目需投资 240 000 元，使用寿命也为 5 年，5 年后有残值收入 40 000 元，也采用直线法折旧，5 年中每年的销售收入为 150 000 元，付现成本第一年为 45 000 元，以后随着设备陈旧，逐年将增加修理费 2 000 元，另需垫支流动资金 20 000 元。假设公司所得税税率为 40%。

要求：

(1) 计算两个项目的现金流量。

(2) 计算两个项目的投资回收期。

4. 九华公司共筹集资金 1 200 万元，其中：银行借款 300 万元，年利率 6%，每年付息一次，到期一次还本，筹资费用率 0.5%；发行 5 年期债券，面值为 300 万元，年利率 12%，发行价格为 380 万元，发行费用率 4%；发行普通股 520 万元，每股价格 13 元，第一年每股股利为 1.3 元，筹资费用率为 5%，预计未来股利年增长率为 2%。所得税税率 25%。

要求：计算九华公司的加权平均资本成本。

5. 某公司持有由三种股票构成的证券组合，其 β 系数分别为 2.0，1.5，0.6，它们在证券组合中所占的比重分别为60%，30%和10%，股票的市场收益率为15%，无风险利率为12%。

要求：计算该证券组合的预期收益率。

6. 某公司向银行借入1 000万元，约定在8年内按年利率10%等额偿还。

要求：计算每年还本付息的金额。

7. 某企业全年需要A零件1 500个，每个零件每年储存成本为0.5元，每次订货费用为81.67元。供应商规定，每次订货量达到750个时，可获得2%的价格优惠，不足750个时单价为50元。

要求：作出选用哪个方案的决策。

得分	

五、简答题（本大题共2题、每小题5分、共10分）

1. 简述企业的财务活动。
2. 简述股利的发放程序。

《财务管理》模拟试题(一)参考答案

一、单项选择题(本大题共10小题、每小题1分、共10分)

1	2	3	4	5	6	7	8	9	10
C	C	B	B	D	B	C	D	B	B

二、多项选择题(本大题共5小题、每小题1分、共5分)

1	2	3	4	5
BD	ABC	ABD	ABCD	BD

三、判断题(本大题共10小题、每小题1分、共10分)

1	2	3	4	5	6	7	8	9	10
√	√	×	√	×	√	√	×	√	×

四、计算分析题(本大题共7小题:第1小题5分、第2~7小题每小题10分、共65分)

1. 解:

$$P=20\,000\times(P/A,5\%,6)\times(1+5\%)=106\,596(元)$$ (5分)

2. 解:

无风险报酬率$(R_f)=8\%$ (4分)

必要报酬率$(K)=8\%+1.6\times(16\%-8\%)=20.8\%$ (6分)

3. 解:

$$\frac{(\overline{EBIT}-20)\times(1-33\%)}{10+5}=\frac{(\overline{EBIT}-20-40)\times(1-33\%)}{10}$$ (5分)

解得,$\overline{EBIT}=140$(万元) (3分)

预计实现息税前利润160万元大于每股收益无差别点,应选择方案二,增加长期债务(2分)

4. 解:

$$A=\frac{200}{(F/A,10\%,4)}=43.09(万元)$$ (10分)

5. 解:

(1) 甲方案:年折旧额$=\frac{20\,000}{5}=4\,000$(元) (1分)

营业现金流量=8 000−3 000−(8 000−3 000−4 000)×40%=4 600(元)　　(1分)

现金流量表　　单位:元

t	0	1	2	3	4	5
固定资产投资	−20 000					
营业现金流量		4 600	4 600	4 600	4 600	4 600
现金流量合计	−20 000	4 600	4 600	4 600	4 600	4 600

乙方案:年折旧额$=\frac{24\ 000-4\ 000}{5}=4\ 000$(元)　　(1分)

第1年营业现金流量=10 000−4 000−(10 000−4 000−4 000)×40%=5 200(元)　　(1分)

第2年营业现金流量=10 000−4 200−(10 000−4 200−4 000)×40%=5 080(元)　　(1分)

第3年营业现金流量=10 000−4 400−(10 000−4 400−4 000)×40%=4 960(元)　　(1分)

第4年营业现金流量=10 000−4 600−(10 000−4 600−4 000)×40%=4 840(元)　　(1分)

第5年营业现金流量=10 000−4 800−(10 000−4 800−4 000)×40%=4 720(元)　　(1分)

现金流量表　　单位:元

t	0	1	2	3	4	5
固定资产投资	−24 000					
流动资金垫支	−3 000					
营业现金流量		5 200	5 080	4 960	4 840	4 720
固定资产残值						4 000
流动资金收回						3 000
现金流量合计	−27 000	5 200	5 080	4 960	4 840	11 720

(2) 甲方案获利指数$(PI)=\frac{4\ 600\times(P/A,\ 10\%,\ 5)}{20\ 000}=0.87$　(不可行)　　(1分)

乙方案:

现金流量现值之和$=5\ 200\times(P/F,\ 10\%,\ 1)+5\ 080\times(P/F,\ 10\%,\ 2)+$
$4\ 960\times(P/F,\ 10\%,\ 3)+4\ 840\times(P/F,\ 10\%,\ 4)+$
$11\ 720\times(P/F,\ 10\%,\ 5)$
$=23\ 231.68$(元)

获利指数$(PI)=\frac{23\ 231.68}{20\ 000}=1.16$　(可行)　　(1分)

6. 解:

$$股票的价值(V)=\frac{2\times(1+4\%)}{10\%-4\%}=34.67(元)$$　　(10分)

7. 解：

最佳现金持有量$=\sqrt{\frac{2\times360\ 000\times300}{6\%}}=60\ 000$(元)　　(4 分)

最低现金管理总成本$=\sqrt{2\times360\ 000\times300\times6\%}=3\ 600$(元)　　(3 分)

年最佳转换次数$=\frac{360\ 000}{60\ 000}=6$(次)　　(3 分)

五、简答题(本大题共 2 题、每小题 5 分、共 10 分)

【答题要点】

第 1 题:年金是指一定时期内每期相等金额的收付款项。年金按付款方式,可分为后付年金、先付年金、递延年金和永续年金。后付年金是指每期期末有等额收付款项的年金;先付年金是指在一定时期内,每期期初等额的系列收付款项;递延年金是指在最初若干期没有收付款项的情况下,后面若干期有等额的系列收付款项的年金;永续年金是指期限无穷的年金。

第 2 题:投资决策之所以要以按收付实现制计算的现金流量作为评价项目经济效益的基础,主要有以下两方面原因:

(1) 采用现金流量有利于科学地考虑时间价值因素。科学的投资决策必须认真考虑资金的时间价值,这就要求在决策时弄清每笔预期收入款项和支出款项的具体时间,因为不同时间的资金具有不同的价值。因此,在衡量方案优劣时,应根据各投资项目寿命周期内各年的现金流量,按照资本成本率,结合资金的时间价值来确定。而利润的计算并不考虑资金收付的时间,它是以权责发生制为基础的。

(2) 采用现金流量才能使投资决策更符合客观实际情况。在长期投资决策中,应用现金流量能科学、客观地评价投资方案的优劣,而利润则明显存在不科学、不客观的成分。这是因为:①利润的计算没有一个统一的标准,在一定程度上要受存货估值、费用分摊和折旧计提的不同方法的影响,因而,利润的计算比现金流量的计算有更大的主观随意性,作为决策的主要依据不太可靠;②利润反映的是某一会计期间“应计”的现金流量,而不是实际的现金流量。

《财务管理》模拟试题(二)参考答案

一、单项选择题(本大题共 10 小题、每小题 1 分、共 10 分)

1	2	3	4	5	6	7	8	9	10
D	A	B	B	C	C	C	A	D	B

二、多项选择题(本大题共 5 小题、每小题 1 分、共 5 分)

1	2	3	4	5
ABC	AB	AC	ABC	AC

三、判断题(本大题共10小题、每小题1分、共10分)

1	2	3	4	5	6	7	8	9	10
×	√	×	×	√	×	√	×	×	√

四、计算分析题(本大题共7小题:第1小题5分、第2～7小题每小题10分、共65分)

1. 解:

$$P=50\,000\times(P/A,12\%,3)\times(P/F,12\%,3)=85\,511.2(\text{元})$$ (5分)

2. 解:

A项目:期望报酬率$=30\%\times0.3+15\%\times0.4+0\times0.3=15\%$

标准离差$=\sqrt{(30\%-15\%)^2\times0.3+(15\%-15\%)^2\times0.4+(0-15\%)^2\times0.3}=11.62\%$

标准离差率$=\dfrac{11.62\%}{15\%}=77.47\%$

风险报酬率$=8\%\times77.47\%=6.2\%$

必要报酬率$=6.2\%+5\%=11.2\%$ (5分)

B项目:期望报酬率$=25\%\times0.3+15\%\times0.4+5\%\times0.3=15\%$

标准离差=

$\sqrt{(25\%-15\%)^2\times0.3+(15\%-15\%)^2\times0.4+(5\%-15\%)^2\times0.3}=7.75\%$

标准离差率$=\dfrac{7.75\%}{15\%}=51.67\%$

风险报酬率$=8\%\times51.67\%=4.13\%$

必要报酬率$=4.13\%+5\%=9.13\%$ (5分)

3. 解:

(1) 甲项目:年折旧额$=\dfrac{180\,000}{5}=36\,000$(元) (1分)

营业现金流量$=130\,000-50\,000-(130\,000-50\,000-36\,000)\times40\%=62\,400$(元)

(1分)

现金流量表 单位:元

t	0	1	2	3	4	5
固定资产投资	−180 000					
营业现金流量		62 400	62 400	62 400	62 400	62 400
现金流量合计	−180 000	62 400	62 400	62 400	62 400	62 400

乙方案:

年折旧额$=\dfrac{240\,000-40\,000}{5}=40\,000$(元) (1分)

第1年营业现金流量$=150\,000-45\,000-(150\,000-45\,000-40\,000)\times40\%=79\,000$(元) (1分)

第2年营业现金流量$=150\,000-47\,000-(150\,000-47\,000-40\,000)\times40\%=77\,800$(元) (1分)

第3年营业现金流量$=150\,000-49\,000-(150\,000-49\,000-40\,000)\times40\%=76\,600$(元) (1分)

第 4 年营业现金流量=150 000−51 000−(150 000−51 000−4 000)×40%=75 400(元)　　(1 分)

第 5 年营业现金流量=150 000−53 000−(150 000−53 000−4 000)×40%=74 200(元)　　(1 分)

现金流量表　　单位:元

t	0	1	2	3	4	5
固定资产投资	−240 000					
流动资金垫支	−20 000					
营业现金流量		79 000	77 800	76 600	75 400	74 200
固定资产残值						40 000
流动资金收回						20 000
现金流量合计	−260 000	79 000	77 800	76 600	75 400	134 200

(2) 甲方案投资回收期 $PP=\frac{180\ 000}{62\ 400}=2.88$(年)　　(1 分)

乙方案投资回收期计算:

n	净现金流量	年末尚未收回投资额
0	−260 000	260 000
1	79 000	181 000
2	77 800	103 200
3	76 600	26 600
4	75 400	—
5	134 200	

$$PP=3+\frac{26\ 600}{75\ 400}=3.35(\text{年})$$　　(1 分)

4. 解:

银行借款资本成本(K_l)$=\frac{6\%\times(1-25\%)}{1-0.5\%}=4.5\%$　　(3 分)

债券资本成本(K_b)$=\frac{300\times12\%\times(1-25\%)}{380\times(1-4\%)}=7.4\%$　　(3 分)

普通股资本成本(K_s)$=\frac{1.3}{13\times(1-5\%)}+2\%=12.5\%$　　(3 分)

加权平均资本成本(K_ω)$=\frac{300}{1\ 200}\times4.5\%+\frac{380}{1\ 200}\times7.4\%+\frac{520}{1\ 200}\times12.5\%=8.89\%$　　(1 分)

5. 解:

组合的 β 系数(β_p)$=2.0\times60\%+1.5\times30\%+0.6\times10\%=1.71$　　(4 分)

预期收益率(K)$=12\%+1.71\times(15\%-12\%)=17.13\%$　　(6 分)

6. 解:

$$A=\frac{1\,000}{(P/A,\ 10\%,\ 8)}=187.44(\text{万元})\qquad(10\text{分})$$

7. 解：

$$\text{经济订货批量}(Q)=\sqrt{\frac{2\times1\,500\times81.67}{0.5}}=700\text{个}\qquad(3\text{分})$$

放弃折扣，按每次 700 个订购：

$$\text{总成本}=1\,500\times50+\frac{700}{2}\times0.5+\frac{1\,500}{700}\times81.67=75\,350(\text{元})$$

享受折扣，按每次 750 个订购：

$$\text{总成本}=1\,500\times50\times(1-2\%)+\frac{750}{2}\times0.5+\frac{1\,500}{750}\times81.67=73\,850.84(\text{元})\qquad(6\text{分})$$

因此，应享受折扣，按每次 750 个订购。

五、简答题（本大题共 2 题、每小题 5 分、共 10 分）

【答题要点】

第 1 题：企业的财务活动是以现金收支为主的企业资金收支活动的总称。财务活动的四个方面：筹资引起的财务活动、投资引起的财务活动、经营引起的财务活动、分配引起的财务活动。上述财务活动的四个方面，不是相互割裂、互不相关的，而是相互联系、互相依存的。正是上述互相联系而又有一定区别的四个方面，构成了完整的企业财务活动，这四个方面也正是财务管理的基本内容：企业筹资管理、企业投资管理、营运资本管理、利润及其分配管理。

第 2 题：股份有限公司分配股利必须遵循法定的程序，一般是先由董事会提出股利分配预案，然后提交股东大会决议通过才能进行分配。股东大会决议通过股利分配预案之后，要向股东宣布发放股利的方案，并确定股权登记日、除息日和股利发放日。股东大会决议通过并由董事会宣布发放股利的日期称为宣告日。股权登记日是有权领取本次股利的股东资格登记截止日期。只有在股权登记日这一天登记在册的股东才有资格领取本期股利，而在这一天没有登记在册，即使是在股利发放日之前买入股票的股东，也无权领取本次分配的股利。除息日，也称除权日，是指从股价中除去股利的日期，即领取股利的权利与股票分开的日期。在除息日之前的股票价格中包含了本次股利，在除息日之后的股票价格中不再包含本次股利，因此投资者在除息日之前购买股票，才能领取本次股利，在除息日当天或以后购买股票，不能领取本次股利。股利发放日，也称股利支付日，是公司将股利正式支付给股东的日期。